中国老虫具——蟋蟀罐篇

谷毅平 ◎ 主编

天津出版传媒集团
天津人民美术出版社

图书在版编目（CIP）数据

中国老虫具. 蟋蟀罐篇 / 谷毅平主编. -- 天津 : 天津人民美术出版社, 2022.9
ISBN 978-7-5729-0347-2

Ⅰ. ①中… Ⅱ. ①谷… Ⅲ. ①蟋蟀罐－收藏－中国 Ⅳ. ①G262

中国版本图书馆CIP数据核字(2022)第076383号

中国老虫具——蟋蟀罐篇

ZHONGGUO LAOCHONGJU XISHUAI GUAN PIAN

出　版　人：杨惠东
责任编辑：刁子勇
助理编辑：孙　悦
技术编辑：何国起　姚德旺
出版发行：天津人民美術出版社
社　　址：天津市和平区马场道150号
电　　话：（022）58352900
邮　　编：300050
网　　址：http://www.tjrm.cn
经　　销：全国新华书店
制　　版：天津市彩虹制版有限公司
印　　刷：天津海顺印业包装有限公司
开　　本：889mm×1194mm　1/16
印　　数：1-3000
印　　张：11.25
版　　次：2022年9月第1版
印　　次：2022年9月第1次印刷
定　　价：158.00元

个人简介

谷毅平，天津市人，1965年出生。著名企业家、收藏家，弘道书画院院长。自20世纪70年代末起，以保存与传承中国文化为使命，奔波于文玩市场，竞拍书画，凭借自己的文化修养和眼力，大量购藏中国艺术品。数十年孜孜以求，锲而不舍。其藏品以字画、虫具为主，盈箧满笥，享有盛誉。其虫具藏品（罐与葫芦）上起明末，下迄民国。其中的葫芦器均为范制珍品，多出自宫廷或名流之手，世所罕见。为弘扬中国传统文化，2019年3月，谷毅平个人出资，在天津鼓楼北街建弘道堂文化艺术馆，展示历年所藏珍品，免费开放，惠及公众。同年10月，又创建弘道书画院，构建书画名家联络平台，促进艺术的创作和交流，培养高素质艺术人才。编辑、撰写的著作有《弘道同心》《弘道存珍》《访游寻古观画琐记》等。

序

孟昭连

蟋蟀是一种常见昆虫，在大部分的人类生活中显得很平凡，既不像苍蝇、蚊子那样令人讨厌，也不如蜜蜂、蝴蝶那样为人们带来甜蜜与诗情画意。在古老的中国医学中，干燥虫体入药，性温，味辛咸，有毒，功能利尿，主治水肿、小便不通等症。作为现代自然科学的研究对象，蟋蟀并未引起昆虫学家的格外注意，大部分昆虫学著作谈到它的内容十分有限，而且是毫无例外地将它作为一种农业害虫来论述，研究的是如何消灭它们。但是众所周知，在中国的民俗文化领域，蟋蟀却是一个人们常常提到的话题，而且它充当的角色是完全不同于在昆虫学著作中的。是的，在丰富多彩的民俗文化中，蟋蟀确实占有一个不可或缺的位置。两千多年来，这种本来十分普通的昆虫走进了人们的生活。有人畜养它，赏玩它；也有人吟咏它，歌颂它。人们为它而喜，为它而忧；因它而倾家荡产，由它而骤然暴富，并因此而演出了一幕幕悲剧、喜剧、闹剧。环视世界其他各国，似乎没有哪个民族像我们的祖先那样，为蟋蟀花费那么多的心血；更没有哪个民族像我们那样，居然积累起内容丰富的，当然也是极具民族特色的“蟋蟀文化”。

斗蟋蟀的娱乐活动，还衍生出一种独特的工艺品——蟋蟀罐，它既是“蟋蟀文化”的重要组成部分，也是蟋蟀文化的重要载体。古代玩家讲究“盆须用古，器必要精”“盆以贮虫，不可不美器”，既有实用的目的，兼有审美的价值。所以，古代的精品蟋蟀罐除了为适应蟋蟀的生活习性而注意它的质地、大小、厚薄、深浅外，还极讲究在式样、图案方面的多样和美观。就质地来说，有陶、瓷、玉、石、雕漆、戗金、缸釉；工艺技术由宋至明，愈加精湛。其中明宣德年间所造谓之“宣德罐”，最为珍贵，至万历年间就已经很难得，被玩家视为珍宝了。宣德盆为苏州所造，李诩《戒庵老人漫笔》称其“镂雕人物，妆彩极工巧”。据传宣德皇帝御用的一具戗金盆，声名最著，价值连城。清初诗人吴伟业曾作诗以记之，中有“戗金髹漆隐双龙，果厂雕盆锦香褥”之句。现在还有少量明宣德罐存世，皆为澄泥精工制作，造型端庄，花纹图案龙腾凤舞，质地细腻滑润，古朴雅致，显示出极高的工艺价值。明清艺人为此付出了辛勤的劳动，像明代的邹家、万礼张，及清代的赵子玉、杨彭年等，皆是闻名遐迩的制罐名家，他们为蟋蟀罐登上大雅之堂，最后成为一种独特的工艺品，做出了自己的贡献。

本书作者谷毅平先生雅好斗虫，且喜美器，多年来慧眼识珠，收藏明清精品虫罐数百具。本书所收，系作者精心选出的部分藏品，精心摄影，并加以详细文字说明，以飨同好。

前　　言

谷毅平

虫具包括蟋蟀罐、过笼、水槽、配罐、三尾罐等。据历史记载，养蟋蟀之风最盛时期在南宋，延及明清，很多皇帝、王公大臣、平民百姓，都喜欢养蟋蟀。明代万历年间刊行的《鼎新图像虫经》绘有宋代四虫具：宣和盆、平章盆、王府盆、象窑盆。还有《蟋蟀谱集成》中记载有所谓“宋内府镶嵌八宝盆”“元至德盆”“永乐盆”。以上所有记载的盆，只有绘画的图像，没有实物存世，所以无法考证。

1966 年，镇江南宋墓出土三具蟋蟀过笼，虽然是残品，但是跟现在的蟋蟀过笼尺寸、形状、材质基本相同，古墓年代为 12 世纪中叶，可证明约 1000 年前，蟋蟀用具就已定型。蟋蟀盆有南北之分，因为南方气候暖，所制作的蛐蛐儿罐，盆腔壁薄；而北方气候寒冷，所制作的蛐蛐儿罐，盆腔壁厚。我很多年前在无锡蟋蟀大家刘进海处看到很多南盆，他应该是南盆最大藏家。南盆泥的细致程度及制作的精细程度远不如北盆，所以我对南盆没有过多的了解和研究。蟋蟀盆藏家大多在京津两地，明清时期蟋蟀盆虽有实物存世，但文字记载很少。民国期间，北京的玩盆名家黄振风先生和李桐华（金针李）先生为领军人物，王世襄先生通过两位老先生的口述，并综合自己所见的蟋蟀盆，才有书出版。在天津，蟋蟀盆的传承有两支，一支是委托店大王传崔树君（大崔），另一支是天津市和平区小白楼委托店赵子佩先生。赵子佩先生曾经有一本手写蟋蟀盆谱传于我处，书中所记载万礼张系列和赵子玉系列，与同时期的李桐华先生所述基本一致，和黄振风先生所论述有区别，但马树曾先生（已故去）所说赵子玉十三种应为赵子玉本人所制，凡是藕合泥的特制八种应是道光年间赵子玉的后人在白塔寺用西湖清淤之泥所制，由造办处监制。

二十几年前马先生和我谈到这个论点，当时我还持怀疑态度，后经过实践，见了大量的实物，十三种全老，特制八种全新，后又见过几个，其中一个藕合泥“道光甲辰含芳园制”，其器型大小、材质和藕合泥特制八种恭信几乎一模一样，所以我认为马先生所说有一定道理。因为当年赵子玉确实有特制八种，但存世量特别少，所以造办处和子玉后人，在白塔寺制作了特制八种，一种一桌（每桌二十四只）。虽然为道光年制，但由于出自子玉后人之手，再加上造办处监制，又是西湖清淤的藕合泥，做工和泥质特别精细，所以价值并不逊于子玉本人所制的盆。马树曾先生是一位鉴定瓷器大家，也是玩蟋蟀盆大家，当年收藏了很多真子玉，我都见过，马先生对历史和实物都有很高的见解，再加上我手中有“黄泥敬斋盆”，此盆在故宫所藏蛐蛐罐杂志中刊登过，还有一对“闲斋清玩盆”，此盆制作工艺和用泥与真子玉相同，此二盆与赵子佩和马树曾先生所述的老特制八种是一样的，也可佐证马先生之言不虚。王世襄先生所著《蟋蟀谱集成》（上海文化出版社，1993 年 8 月第 1 版）记载有特制八种和十三种如下。十三种包括“瓜皮绿”“豆瓣绿”“倭瓜瓤”“桃花冻”“鳝鱼青”“鳝鱼黄”“黑花”“白泥”“藕合盆”“泥金盆”“净面”“都人赵子玉制”“深足子玉”。特制八种包括：一、“全福永胜”盖背面横长圆外框，名“枕头戳”四字自右而左平列。足内长方形外框“古燕赵子玉造”，两行，行三字；二、“永战三秋” 四瓣柿蒂式外框，每瓣一字，“永”在上，“战”在右，“三”在左，“秋”在下；三、“淡园主人”方形外框，两行，行二字；四、“韵亭主人盆赵子玉制”大方形外框，三行，行三字；五、“敬斋主人之盆”窄长方形外框，天津称之曰“韭菜扁戳”，行六字；六、“闲斋清玩”方形外框，两行，行两字；七、“恭信主人盆赵子玉制”大方形外框，三行，行三字，此为“大恭信”，“恭信主人之盆”窄长方形外框，一行六字，此为“小恭信”，大小恭信以一种计。八、“乐在其中”盖背面长方形外框，两行，行二字。底足内“都人赵子玉制”，长方形外框，两行，行三字。此罐比以上七种更名贵，故称“第一流”。以上特制八种均为藕合泥。金针李（李桐华）的论点应以款式区分，具体是：1. 古燕赵子玉造；2. 淡园主人；3. 恭信主人盆赵子玉制（大恭信九字三排）；4. 恭信主人赵子玉制（小恭信韭菜条章）；5. 敬斋主人之盆（大）；6. 敬斋主人之盆（小）；7. 都人赵子玉制；8. 韵亭主人盆；9. 闲斋清玩；10. 乐在其中；11. 大清康熙年制；12. 全福永胜；13. 净面。万礼张九种和赵子佩所书，与李桐华、黄振风所述基本相同，万礼张九种包括：“万礼张造”“白山”“秋虫大吉”“永战三秋”“永站三秋”“怡情雅玩”“永远长盛”“春游秋乐”“净面”。综上李桐华、黄振风的两种说法，留给后人继续研究考证。本人经长时间学习研究认为：李、黄两位大师对赵子玉十三种有共识观点的是十种：1. 古燕赵子玉造（字两排三行）；2. 淡园主人；3. 恭信主人盆赵子玉制（大恭信，九字三行）和恭信主人之盆（小恭信，韭菜扁条章），此两款按一种算；4. 敬斋主人之盆（大敬斋）；5. 都人赵子玉制；6. 韵亭主人之盆；7. 全福永胜；8. 乐在其中；9. 闲斋清玩；10. 净面。关于其余三种盆——1. 小敬斋、2. 大清康熙年制、3. 永战三秋，两位大师看法有分歧。本人认为小敬斋应是赵子玉制上品（我见过此盆，现还在无锡朋友家），小敬斋为 3 号罐，且壁略厚，泥细如砚，深足底无款，似净面光亮，腔内壁打长条章“敬斋主人之盆”。“大清康熙制”泥质一般，也应为赵子玉早期所制。“永战三秋”也可以认为是赵子玉所制。分歧只有“敬斋主人之盆”（小）和大清康熙年制两种，我认为黄、李两位大师所论述的子玉十三种基本是一致的，因为王世襄先生在青少年时期听两位大师论述的观点可能理解有误，王世襄先生在故宫博物院研究院，涉猎广泛，不仅仅局限于虫具，精力有限。王世襄先生所论述的子玉十三种除净面、都人、深足子玉外基本以色定，我理解为当年黄大师对王世襄先生所讲这些色里包括特制八种的各种颜色。因为老特制八种存世太少，所以王世襄先生所见大多数是马树曾先生所论述的特制八种，是道光年子玉后人用西湖二淤泥在白塔寺由造办处监制所制的特制八种一样一桌（24 个）。这些盆子都是藕合泥一种颜色，所以十三种里分出了特制八种，十三种其实就包括特制八种。也正是因为如此，每一件实物便是一位老师，见到的实物越多，知识也就越发丰富，所以有待我们后人共同探讨研究。其实我们现在所见的万礼张的真品很少，万礼张几代人制蟋蟀盆，大多数都是其后代所制。我手中两只“长胜三秋”盆为北京人马树曾从明朝将军墓出土所得，20 世纪 90 年代初我和马树曾见面，听马先生说：“墓主人为明中期大将军。”

出土的许多东西曾在故宫博物院展出。当时蛐蛐罐不受重视，被天津大崔和蒋师傅背回天津（此二人对罐的鉴赏水平很高，现已故去），此盆做工精细，在现存蛐蛐罐中年代最远，据老一辈蛐蛐罐玩家分析应该是万礼张的前身，万礼张有可能是仿它制作的。

另外，真子玉特别稀少，现在世上所流传的“真子玉”基本都不是真子玉，当年杂项专家蔡国生先生在央视《鉴宝》栏目中曾经谈道，现在的真子玉基本没有了，当年一个真子玉顶五个官窑瓷瓶。当时很多人对此说法有异议，蔡国生先生虽然对蟋蟀盆不太专业，但是历史知识非常丰富，我认为蔡先生说的是对的。另外有一大军阀后人也是玩蟋蟀和蟋蟀盆大家，因本人不愿透露姓名，所以不能在此披露。据他所讲，当年他小时候，十块大洋买官窑瓷瓶，三百块大洋买一个真子玉，所以当代很多人看过和收藏的“真子玉”，基本都不是真子玉，一件实物相当于一位老师，只有经眼、过手乃至收藏甚富者，才是真正的专家。很多蟋蟀盆在泥质和做工上不亚于真子玉，如“令字卷石山房”“道光壬寅含芳元制”和茂亭三窑等盆，当时在老一辈玩家眼中都是顶级的，有的甚至胜过真子玉，还有“大清康熙年制”五爪龙图案，是所有古玩行玩家没有争议的皇帝御用品。还有瓦中玉土精盆雕镂蝴蝶而填以色泥，故又曰“蝴蝶盆”，此盆王世襄先生在《蟋蟀谱集成》一书中也有论述。我收藏的这只蝴蝶盆，据说是张学良曾经玩过的，是现存的唯一一只完整的真蝴蝶盆，因为另一只真蝴蝶盆已经残缺。另外，行里所见其他蝴蝶盆均属后人仿制。北方名家制罐的有很多无名人氏，留下有名的二和（端靖和）、大连子（连辅鸣）、小连子、大关、史老启等人，他们所制造的北盆也很有价值。过笼在天津的传承是“巴狗窑”第一，“蛤蟆窑”第二，“樱桃窑”第三。巴狗窑在行里所见黑、白、红三种颜色，其中黑色行里有三只（包括我手里最好的一只），白色一只，红色一只，均在我手中。到现在没有发现其他存世，属于孤品。还有北京人特别崇拜的赵子玉所制“五蝠捧寿”和“鹦鹉寿桃”（尤以有拉花者更佳）和万礼张系列。还有一些被现代人认为是杂窑的过笼，这些过笼在老前辈心目中比赵子玉和万礼张系列过笼还要珍贵。其实是制作年代久远，均为手工制作，其品质不亚于赵子玉和万礼张系列过笼。我收藏了三只巴狗窑过笼和大量的蛤蟆窑与樱桃窑过笼，还有很多杂窑过笼。其中蛤蟆窑有“蛤蟆荷叶”“水波浪”“拉骆驼”“针刺鱼”等等，还有樱桃窑若干，在此就不一一叙述了，都会在书中展示给大家。另外北京传承里最好的过笼就是赵子玉所制“五蝠捧寿拉花”和“鹦鹉寿桃拉花”，还有万礼张，等等。高档的水槽有：“红蛛蛛蓝爪子”“六蟹”“暗叶单蟹”“八怪鱼”“暗叶凤凰牡丹鱼”等等。据瓷器专家马树曾先生说：水槽器型虽小，但也属完整器物，价值并不亚于大件完整瓷器。还有老配罐也很讲究，大多是益州罐，颜色有鳝鱼青、鳝鱼黄等，配以点铜盖，斗蟋蟀时装蟋蟀所用。

过去到老玩家家里一看他的虫具就知道这个人玩蟋蟀的水平高低，在斗蟋蟀场上可以通过蟋蟀玩家所带的配罐看出玩家的身份和水平。经过三十多年的苦心搜求，我收藏了大量的蟋蟀盆、过笼、水槽、配罐等，今天展现给大家，期望我们共同欣赏研究蟋蟀用具的历史，以弘扬和发展中国的传统文化、继承中国的优秀民族手工艺品为宗旨，使中国的传统文化薪火不断，发扬光大。

目录

蟋蟀在堂

蟋蟀本来只是昆虫界的普通一员，但在中国它有着特殊的地位，不但家喻户晓，而且声名卓著，以至被人称“国虫”，这在世界上应该算是一种非常独特的现象。原因当然也很清楚，就是自古以来，中国就有一种斗蟋蟀的游戏，早在一千多年前就出现了，而且历久而不衰，直到现在仍然保持着旺盛的生命力。那么，古代斗蟋蟀的游戏，最早始于何时呢？

我国古代最早的一部诗集《诗经》中已多次写到蟋蟀，有“蟋蟀在堂，岁聿其莫”“十月蟋蟀入我床下”等诗句，注意到蟋蟀与节令有密切关系，天热时生活于野外，天寒时就会登堂入室，寻找温暖的地方。但《诗经》中并没有提到两雄相斗的习性。此后一直到唐代，吟咏蟋蟀的诗赋倒是不少，独缺斗蟋蟀的内容，甚至也没有人发现蟋蟀还有两雄相斗的特性。唐代之前描写吟咏蟋蟀的诗赋都是描写蟋蟀的鸣声以及在诗人心中引起的感情波澜，却没有一篇是写斗蟋蟀游戏的。不少人喜欢引用五代王仁裕《开元天宝遗事》中的记载，其实书中的“金笼蟋蟀”条，记长安宫女以小金笼畜养蟋蟀，是为了“夜听其声”，并不是为了斗。如果宫中真的出现了斗蟋蟀的游戏，因其比畜养鸣虫更吸引人，似应更引起人们的注意。

《毛诗名物图说》中的蟋蟀图

首次记载斗蟋蟀，在宋代顾文荐《负曝杂录》中，其云：

禽虫之微，善于格斗。见于书传者，唐明皇生于己酉而好斗鸡，置鸡坊、鸡场，见之《东城老父传》。斗蛩亦始于天宝间，长安富人镂象牙为笼而畜之，以万金之资付之一啄，其来远矣。

他的这则记载是追记，并非自己亲见，根据是什么，有无史料作为依据，我们不得而知。持同样观点的还有贾似道，他在《促织论》中说：“盖自唐帝以来以迄于今，于凡王孙公子，至于庶人、富足豪杰，无不雅爱珍重之。”贾似道被公认为古代斗蟋蟀的祖师爷，他的话该不会信口胡说，可惜我们没有另外的资料证明贾氏的说法。比如唐代诗歌的题材涉猎范围极广，几乎没有它写不到的社会生活，何独没有斗蟋蟀的内容呢？顾文荐提到的唐玄宗斗鸡之好，不但史书中多有记述，而且在小说、诗歌中也有多方面的反映。陈鸿的《东城老父传》记载此事极详，李白的《古风》诗亦有“路逢斗鸡者，冠盖何辉赫。鼻息干虹霓，行人皆怵惕”的诗句。甚至当时还有民谣云：“生儿不用识文字，斗鸡走马胜读书。贾家小儿年十三，富贵荣华代不如。”为什么唐玄宗斗鸡之好有如此多的记载和描写，而斗蟋蟀之戏则完全没有受到文人们的关注呢？这就是个很奇怪的问题了。

更奇怪的是，《开元天宝遗事》“金笼蟋蟀”条的记载，在另外一个版本中，内容并不相同，事见《才调集补注》卷五秦韬玉《长安怀古》“枕蛩声”注：

“枕蛩声”，《天宝遗事》：“每至秋时，妃妾辈捉蟋蟀斗于金笼中，置之枕函，夜听其声，庶民之家皆效之。”《尔雅》：“蟋蟀，蛬也。”蛬、蛩通。

可以看出，上面所引的“闭于笼中”在这里变成了“斗于笼中”。显然，一字之差就让事情变得复杂起来，前者是说宫女把蟋蟀关在金笼里养，只是晚上放在枕头边听其叫声；后者是说宫女把蟋蟀放在金笼中让其互斗，夜里再放在枕头边听其鸣声。按照后者的记载，斗蟋蟀游戏确实是起于唐代的宫中，宫女们是最早“玩家”，然后京城的百姓才跟着学起来。究竟哪个版本才是正确的？由于繁体的“閉”与“鬥”字形非常相似，而因形近而误在古代书籍的传抄及雕版中又很常见，所以便成了一桩疑案。

（孟昭连 撰文）

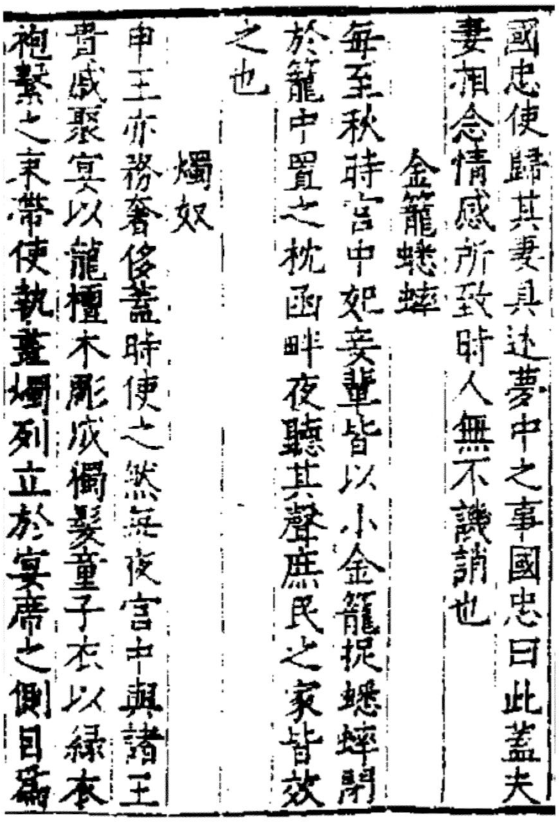
國忠使歸其妻具述夢中之事國忠曰此蓋夫
妻相念情感所致時人無不譏誚也
金籠蟋蟀
每至秋時宮中妃妾輩皆以小金籠捉蟋蟀閉
於籠中置之枕函畔夜聽其聲庶民之家皆效
之也
燭奴
申王亦務奢侈盖時使之然每夜宮中與諸王
貴戚聚宴以龍檀木彫成燭髮童子衣以綠衣
袍繫之束帶使執畫燭列立於宴席之側目爲

王仁裕《开元天宝遗事》“金笼蟋蟀”

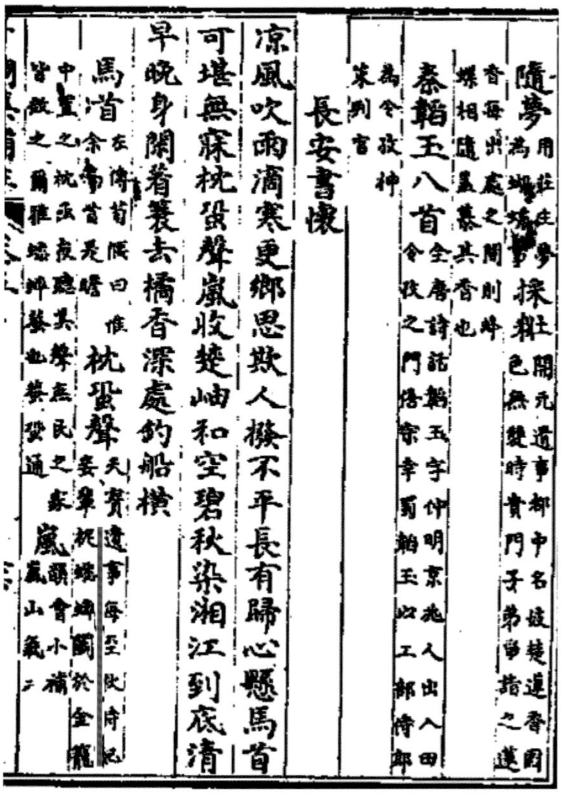
隨夢（用莊生夢爲蝴蝶事）採粧（開元遺事都中名妓楚蓮香國色無雙時貴門子弟爭詣之蓮香每出處之間則蜂蝶相隨蓋慕其香也）
秦韜玉八首（全唐詩話韜玉字仲明京兆人出入田令孜之門僖宗幸蜀韜玉以工部侍郎爲令孜神策判官）
長安書懷
涼風吹雨滴寒更鄉思欺人撥不平長有歸心懸馬首
可堪無寐枕蛩聲嵐收楚岫和空碧秋染湘江到底清
早晚身閑着簑去橘香深處釣船橫
馬首（左傳荀偃曰唯余馬首是瞻）枕蛩聲（天寶遺事每至秋時妃妾輩捉蟋蟀鬭於金籠中置之枕函夜聽其聲庶民之家皆效之爾雅蟋蟀蛬也蛬蛩通）嵐（嵐山氣也）

《才调集补注》《长安书怀》注引

金笼蟋蟀与宣和盆

虽然我们难以肯定斗蟋蟀之戏始于唐代，但唐代宫女以养蟋蟀听其鸣叫作为娱乐，还是可信的，而且知道她们养蟋蟀最早是用笼而非罐。尽管顾文荐说斗蟋蟀始于天宝年间很可能是推测，但他说长安富人是用象牙雕镂成笼，一定是有生活根据的，起码说明他所在的宋代，养蟋蟀仍然是用笼的。到了清代光绪年间，北京古董行里就根据王仁裕《开元天宝遗事》"金笼蟋蟀"条的记载，假造了一只精巧的椭圆形金丝蟋蟀笼，并附会说是杨贵妃养蟋蟀用过的，笼底下还刻着天宝年号及乾隆御题诗文，其中有一句"贵妃纤纤启笼窗"。因为是名人用过的，又有皇帝御诗，所以最后卖了个好价钱。这则传闻中提的这只蟋蟀笼真是杨贵妃用过的吗？没有谁知道，因为杨贵妃是否养过蟋蟀，是没有史料记载的，不过据唐人郑处诲《明皇杂录》载，杨贵妃曾经用金笼养过一只岭南进贡的白鹦鹉，学人言颇为灵巧，还会背《多心经》，整天不离李隆基、杨贵妃左右。后来鹦鹉遭猎鹰袭击而死，玄宗与贵妃痛惜不已，还专为之建了一座鹦鹉冢。巧的是，报载1994年内蒙古的一座辽代贵族墓出土了一幅壁画，描绘的正是杨贵妃的鹦鹉图。后来元末明初诗人杨维桢《无题效商隐体诗》云："金埒近收青海骏，锦笼初教雪衣娘。"这里说的"雪衣娘"就是杨贵妃那只鹦鹉的名字。

出土辽代墓葬壁画《杨贵妃鹦鹉图》

蟋蟀玩家一般都明白，用笼养蟋蟀虽有通气传声的优点，但根据蟋蟀的生活习性来看，其实是很不科学的。蟋蟀属阴虫，喜阴暗潮湿，而用笼则无法控制蟋蟀所需要的温度和湿度，效果肯定不好。尤其在七八月份的高温季节里，把蟋蟀养在笼里，它们不但很难正常生长，甚至难以成活。所以后来养蟋蟀的虫具便由笼变为罐了。那么是什么时候由笼养变成罐养的呢？

一种观点是至少北宋末年就有斗蟋蟀，而且一开始就用罐养蟋蟀了。明代沈德符《万历野获编》中记当时动物相斗的游戏，有如下一段：

最微为蟋蟀斗，然贾秋壑所著《经》最为纤细详核，其嗜欲情态与人无异。当蒙古破樊襄时，贾尚与群妾据地斗蟋蟀，置边递不问也。我朝宣宗最娴此戏，曾密诏苏州知府况钟进千个，一时语云：“促织瞿瞿叫，宣德皇帝要。”此语至今犹传。苏州卫中武弁，闻尚有以捕蟋蟀比首虏功得世职者。今宣窑蟋蟀盆甚珍重，其价不减宣和盆也。近日吴越浪子有酷好此戏，每赌胜负辄数百金，至有破家者，亦贾之流毒也。

其中最可注意的一句，是说“今宣窑蟋蟀盆甚珍重，其价不减宣和盆也”一句。沈德符是万历六年（1578）生人，一直活到崇祯十五年（1642）。《万历野获编》成书于万历三十四年（1606），据自序，书中所录皆亲见亲闻，自称“郢书燕说不敢存也”，记实性很强。他这里说的“今”，显然就是他所处的明万历年间，上述说明当时吴越一带不但斗蟋蟀盛行，而且市场上有蟋蟀罐的交易，所谓“其价不减宣和盆”一语，说明当时市场上不但有宣和盆，而且极受明人珍视，市场价格应该是最贵的，而新出的宣窑盆价格正在接近宣和盆。宣和乃是宋徽宗年号，属北宋末年，不久金兵南下，北宋亡而南宋立。

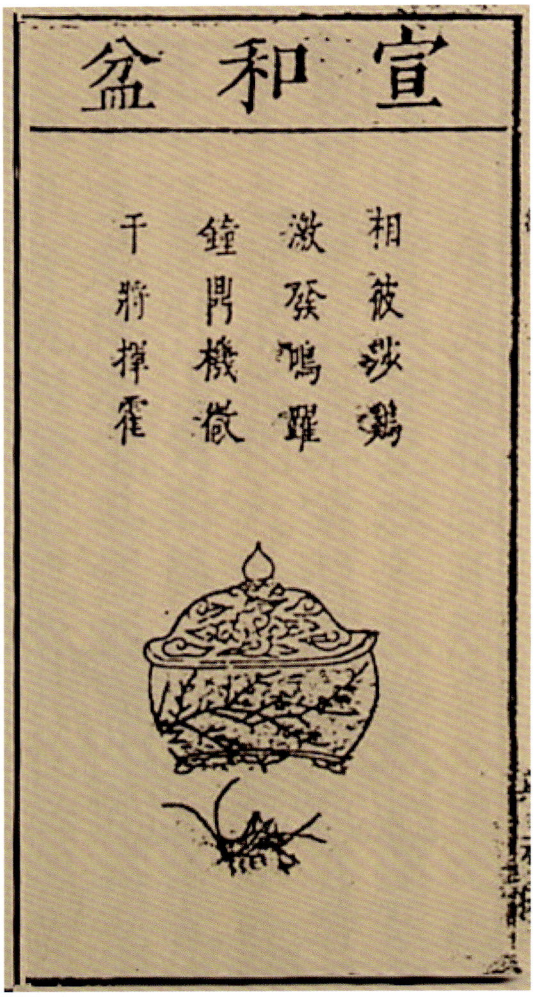

《鼎新图像虫经》中的宣和盆

与上述记载相互印证的是，明代万历年间刊印的贾似道《促织经》一个版本《鼎新图像虫经》中，还绘着宣和盆的图样，盆成鼓腹形，侧有梅花，盖上凸，有纽和云纹，底有三足。究竟这种“宣和盆”真的出于宣和年间，还是后人根据《万历野获编》上的记载附会的，因为没有实物存世，尚难确定。根据一般规律，任何事物的出现都有一个发生发展的渐进过程，不会是突然出现的；况宣和距南宋不远，蟋蟀盆出现在此时也是极有可能的。但可以肯定地说，即使此时已出现了蟋蟀罐，使用范围也较狭窄，并没有普及开来，否则，当时的记载不可能仍记笼而不提罐。

按照《鼎新图像虫经》上所载图像，宣和盆是最早的，但近代李石孙《蟋蟀谱》上所载蟋蟀罐的图像较多，在宣和盆的前面，还有一幅注为“宋内府镶嵌八宝盆”的图像。根据李著图像排列是以时代为序的规则，此幅既在宣和盆之前，理应是北宋的器物。李谱上的蟋蟀盆图像大都来自明代的《鼎新图像虫经》，但多出来的几幅，不知来源为何。经对照，这幅所谓“内府镶嵌八宝盆图”，很可能是根据《鼎新图像虫经》上所载平章盆的图像改造而成的。可以看出，二器的器形完全相同，器身图案都是麒麟戏球，盆盖都是鼓形饰折枝莲加莲花纽；不同之处是，平章盆器身上沿饰双行波浪纹，下沿光素无纹，而八宝盆上沿下沿均有三行几何曲线纹。器身与盆盖的画面也有局部的小改动。另外一个证据是，《鼎新图像虫经》所载蟋蟀罐图像只四幅，分别为宣和盆、象窑盆、平章盆、王府盆，每幅图均配有四言诗四句，如宣和盆是“相彼莎鸡，激发鸣跃，钟鼎机微，干将挥霍”，象窑盆的是“砖城巍巍，龙翔虎昂，纠纠者居，乌获之堂”。李石孙《蟋蟀谱》在《鼎新图像虫经》的基础上，又增加了六幅，分别是宋内府镶嵌八宝盆一幅、元至德盆两幅、明永乐盆一幅、大明宣德盆一幅、明宣德盆一幅，但这六幅新增的图像，均缺四言诗。李石孙既然补了几幅图，何以不按原有格式加上四言诗呢？颇令人困惑。

（孟昭连 撰文）

李石孙《蟋蟀谱》中的宋内府镶嵌八宝盆图与平章盆图对照

苏汉臣《斗蟋蟀图》

苏汉臣，生卒年不详，河南开封人，北宋徽宗时为宣和画院待诏，南渡后复职画院。苏汉臣绘画题材广泛，擅佛道人物、仕女，构图繁复，用笔工细，设色艳丽，代表了两宋之际画院绘画流行的风气。尤长于婴戏题材，画中儿童玩耍嬉戏，千姿百态，并配以生肖图案、吉祥器物，画面生动活泼，充满天真和谐的气氛。他特别善于把握童稚天真的神态，行止坐卧、嗔喜谈笑，都刻画得栩栩如生，其妙处正如顾炳在《历代名公画谱》中所说："汉臣制作极工，其写婴儿，着色鲜润，体度如生，熟玩之不啻相与言笑者，可谓神矣。"苏汉臣所画婴儿斗蟋蟀的题材似不止一幅。据《式古堂书画汇考》记载："苏汉臣婴儿斗促织图，团扇绢本，着色。桂树、菊花、石阑外婴孺四蹲踞斗蟋蟀，天真烂漫。上有黔宁五'子子孙孙永保之'及'明安国玩'二印。"又载："苏汉臣货郎担……又二婴斗促织，三孺子放风筝。"《南宋院画录》记载："苏汉臣婴儿斗蟋蟀图，绢画一大幅，丹墨如新，画法工细。"此幅绘着装艳丽的三童子聚于树荫下斗蟋蟀，三童或坐或半卧，神态舒展，中间摆二蟋蟀罐，一大一小，大者为直筒形斗罐，两蟋蟀的战斗就是在这个罐中展开的。居中小童手持细棒，在挑逗蟋蟀，以激其斗性，三童皆神情专注，紧盯罐中，从其既惊且喜的表情上可以看出，罐中二虫的打斗，一定非常激烈，这才吸引了他们的全部注意力。

关于这幅画的创作时间，学术界尚无定论。因为作者苏汉臣是南北宋之际的人，先是在北宋的画院做侍诏，南渡后又在南宋画院复职。作者既然确定为苏汉臣，说明斗蟋蟀活动在南北宋之际就出现了，这是毋庸置疑的。因为任何一项民俗活动，都经过了一个长期发展的过程，很难确定起始于某年某月，斗蟋蟀也是如此。不能简单地将作者绘画的时间等同于斗蟋蟀活动出现的时间。事实上，画面中显示的养罐、斗罐、过笼等一应俱全，说明此时斗蟋蟀的游戏已经相当成熟，根本不像是刚刚兴起的样子。（孟昭连 撰文）

宋 苏汉臣《秋庭戏婴图》图轴（局部）

“都民好养”与“闲汉”

既然唐代养蟋蟀用笼，宋代以后普遍用罐，从逻辑上推测，似乎随着斗蟋蟀游戏的出现与发展，养蟋蟀的器具经过了一个由笼向罐的转变，而且其间还有一个笼与罐共存的时期，《西湖老人繁胜录》述都城临安的盛况时有以下记载：

促织盛出，都民好养，或用银丝为笼，或作楼台为笼，或黑退光笼，或瓦盆竹笼，或金漆笼、板笼甚多。每日早晨，多于官巷南北作市，常有三五十火斗者。乡民争捉入城货卖，斗赢三两个，便望卖一两贯钱。若生得大，更会斗，便有一两银卖。每日如此，九月尽天寒方休。

这段文字录自《永乐大典》残卷所载《西湖老人繁胜录》，可以想象临安城里斗蟋蟀的火热景象。周围乡村的“乡民”，到了秋天就争相到野地里捕捉蟋蟀，然后拿到杭州城里卖给好养蟋蟀的“都民”。官巷南北的街上有专门的蟋蟀出售，这里每天都有数十人聚斗赌博，并现场试验，根据蟋蟀优劣给出高低不同的价钱，一般的能卖“一两贯钱”，体大能斗的竟能卖到一两银子，折合现在的近千元。有趣的是，这种“乡民”与“都民”的供需关系，直到现在还是如此，经千余年而不变！值得注意的是，彼时市场上出售的蟋蟀用具，大都是笼，有银丝笼、楼台笼、黑退光笼、瓦盆竹笼、金漆笼、板笼。其实这些笼子的品种，也与现代差不多，只是根据用料、工艺与造型的不同，分别有不同的名称。但其中的“瓦盆竹笼”很可能是一种由笼向罐过渡的虫具。从字面含义理解，可能是一种上部为笼、下部为瓦盆的特殊虫具。下部为瓦盆，能保持一定的湿度，较阴凉，适于蟋蟀生活；上部为竹丝编织，既通风透光，又便于观赏。怪的是，此处文字结束后，隔了十八个字，又出现了“养喂促织盆”五字，怀疑是《永乐大典》的抄写者抄串了行，这五字应该在“都民好养”之后，原文应是“促织盛出，都民好养。养喂促织盆，或用银丝为笼，或作楼台为笼……”

南宋养蟋蟀普遍用盆一般认为是在贾似道的时代。一个重要的证据是，贾氏之前有关蟋蟀的记载只提到笼而没提到罐。如早于贾似道不到百年的词人姜夔在题为《咏蟋蟀》的词中仍称“好事者或以二三十万钱致一枚，镂象齿为楼观以贮之”，说明南宋的一段时间内养蟋蟀仍承袭唐代之法。但也应该注意，古代文献对社会现象的记载，与作者个人生活经验与观察问题的角度有关，所以要尽可能多地占有材料，全面理解方能找到历史的真相。如上引《繁胜录》记载养蟋蟀用笼，而且品种很多，但同时也提到了“促织盆”；而另一部与《繁胜录》性质相同的文献《武林旧事》却只提到促织盆，完全没提到笼；《梦粱录》正相反，只有“促织笼儿”却没有促织盆。这几部书综合起来看，南宋的很长时间养蟋蟀用笼与用盆是同时存在的。

蟋蟀虫具的升级换代，从一个角度反映了南宋斗蟋蟀活动逐渐走向成熟，另一个方面是养斗技术的“专业化”越来越高。前文所引杭州城里的“都民好养”，每天在官巷南北伙斗赌钱，表现了斗蟋蟀游戏的社会化，主要群体是普通百姓；而所谓“专业化”是指此时竟然有专门从事斗蟋蟀游戏的“教练”，充当达官贵人家的食客，当时称为“闲汉”：

> 更有一等不着业艺，食于人家者，此是无成子弟，能文、知书、写字、善音乐，今则百艺不通，专精陪侍涉富豪子弟郎君，游宴执役，甘为下流，……又有专为棚头，斗黄头，养百虫蚁、促织儿，又谓之“闲汉”。

这种专门调教蟋蟀的“闲汉”，明清至民国时称为“把式”。如清崇彝著《道咸以来朝野杂记》：“斗蟋蟀规矩，以二十四罐为一桌……凡养虫家必有专人经营之，谓之‘蛐蛐把式’，士大夫不胜其劳故耳。”天津作家林希的戏剧作品《蛐蛐四爷》中就有这样一个人物：“从余之诚七岁开始玩蛐蛐儿，常爷被请来余府做蛐蛐把式，至今已经三十多年了。……常爷之所以能在天津卫众多的蛐蛐把式中称雄，贵就贵在这不抽、不喝、不赌、不近女色诸般好品德上了。”达官贵人请蛐蛐把式，并非仅如崇彝所说“不胜其劳”，实际上还是因为斗蟋蟀有极强的技术要求，不同于简单的吃喝嫖赌，靠钱多就能解决问题。所以他们既有斗蟋蟀之好，又想斗赢脸上有光，就必须请把式。不但养时靠把式，斗时把式更要临场，亲自指挥。如近代溥臣《斗蟋蟀随笔》中记：“未斗时，蛐蛐把式二陈素知其勇，暗告元昌曰：‘克秋之虫，异常勇猛，不可与敌，须当避之。’”民国年间北京一位著名的蛐蛐把式刘连弟先生，20世纪50年代写过一篇长文《谈蟋蟀》，内容相当丰富，可供蟋蟀玩家参考学习。（孟昭连 撰文）

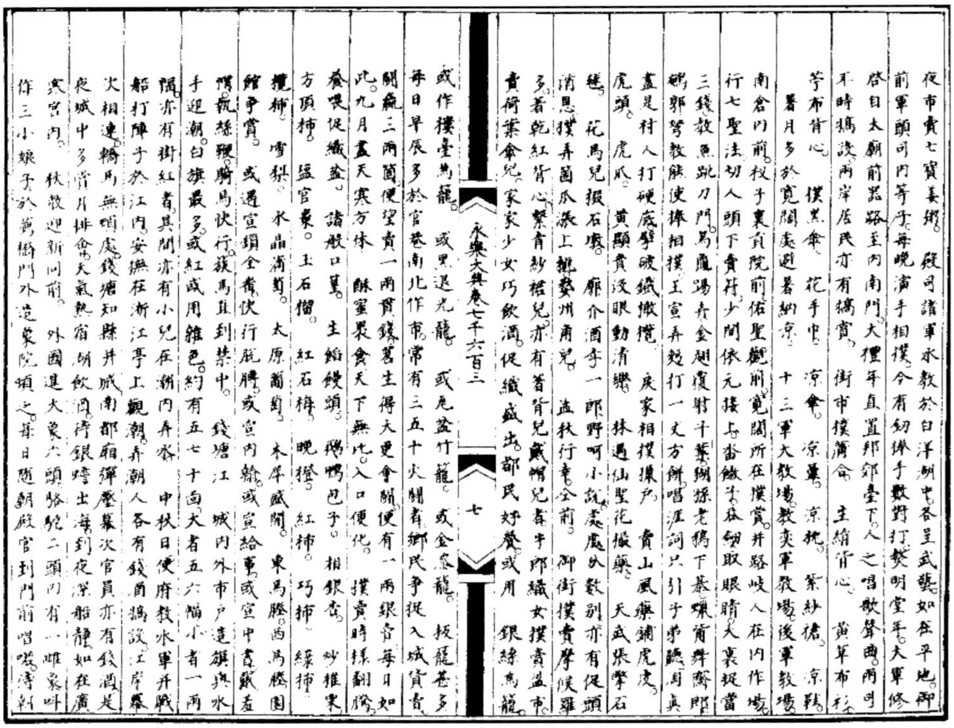

《永乐大典》本《繁胜录》中所记杭州城里促织市场

贾似道与平章盆

斗蟋蟀在宋代不但是城乡百姓的所爱，也极得最高统治者的青睐。南宋太师平章贾似道就是一个著名的蟋蟀迷。据《宋史》载：

襄阳围已急，似道日坐葛岭，起楼台亭榭，取宫人娼尼有美色者为妾，日淫乐其中。唯故博徒日至纵博，人无敢窥其第者。其妾有兄来，立府门，若将入者。似道见之，缚投火中。尝与群妾踞地斗蟋蟀，所狎客入，戏之曰，此军国大事耶？

这件事既然进了正史，可见还是具有相当真实性的，加上后世野史小说对此事又大加发挥，使贾似道从此背上了千古骂名，被后人戏称之为“蟋蟀宰相”，斗蟋蟀之戏也因他而成了“玩物丧志”，乃至误国误民的代名词。其实，抛开贾似道为政的功过不讲，单就他玩斗蟋蟀的技巧来说，我们不能不承认，确有很值得称道的东西。他对蟋蟀不仅是玩玩而已，还进行了卓有成效的研究。他写的《促织经》，被人称作我国古代第一部研究蟋蟀的专著。此书共两卷，分论赋、论形、论色、决胜、论养、论斗、论病几部分，对蟋蟀的各个方面都进行了详尽的论述。虽其中不免虚妄，但总的来说，确是当时人玩斗蟋蟀的总结，极多科学的内容。后来出现的一系列《蟋蟀谱》《促织经》，几乎无一不是以贾氏《促织经》为蓝本，除了内容上稍有增益，体例上没有什么突破。贾氏《经》前有一段《促织论》，是一篇内容丰富的蟋蟀专论，作者首先探讨了人们玩斗蟋蟀的原因，主要在于蟋蟀虽为“微物”，却有“似解人意”的灵性，尤其是二雄相争的“英猛之态”，是其他小生物所不具备的，而这正适应了寻胜猎奇的“人之所好”，故君子“取而爱之”。接着他又通过对斗蟋蟀历史的考察，进一步说明这项活动所以受到公子王孙，乃至庶民百姓的喜爱，是有其必然性的。另外他对蟋蟀的生活习性、品种优劣、调养医

宋 牟益《蟋蟀图》

病诸问题也有精辟的见解，并认为这些是在决斗中取胜的关键。在以下的各章里，他还对蟋蟀的形、色、斗、养等问题有更细致的论述。总的来看，贾氏第一次对蟋蟀进行了系统而全面的研究，他的《促织经》实际上建构起独具特色的“蟋蟀学”的雏形。

南宋最著名的蟋蟀盆是所谓“平章盆”。“平章”是贾似道的官号，他曾在宋度宗朝被封为太师、平章军国重事，权势极盛。以“平章”命名，当是后人所为。明人《鼎新图像虫经》上所绘的平章盆腹侧有龙戏珠图案，中间万字纹，盖上为荷花图案。右图蟋蟀罐为“王府盆”，平盖，有金钱纽，罐身为龙戏珠图案，然不详其究竟是宋王府、元王府抑或明王府？从器形与龙纹图案上看，此王府盆与李石孙《蟋蟀谱》中的宣德盆十分相像，也与故宫所藏的青花隆庆盆相似，据此推测此所谓“王府”应该是明代的王府，而非宋元两朝的。

近人李石孙《蟋蟀谱》卷一《盆考》论宋代盆式曰：

南宋时始制，盆式深大高厚，形体方圆不一。盖有平盖、坐盖、飞边盖；盖中有眼无眼，有起韭菜边者。底有平底、凹底。足有三足、四足、五足、六足，有圈足、兽足、芝足、云足。飞边盖者，其足尖如芝形。有四兽纹阴花、锦纹阳花。棠花式盆有纹云龙、荷鹭，锦文阳花惟冰梅阴阳纹。半闲堂盆式，同以上各种，金玉珍宝镶嵌，坚厚郑重，纹如锦不一。

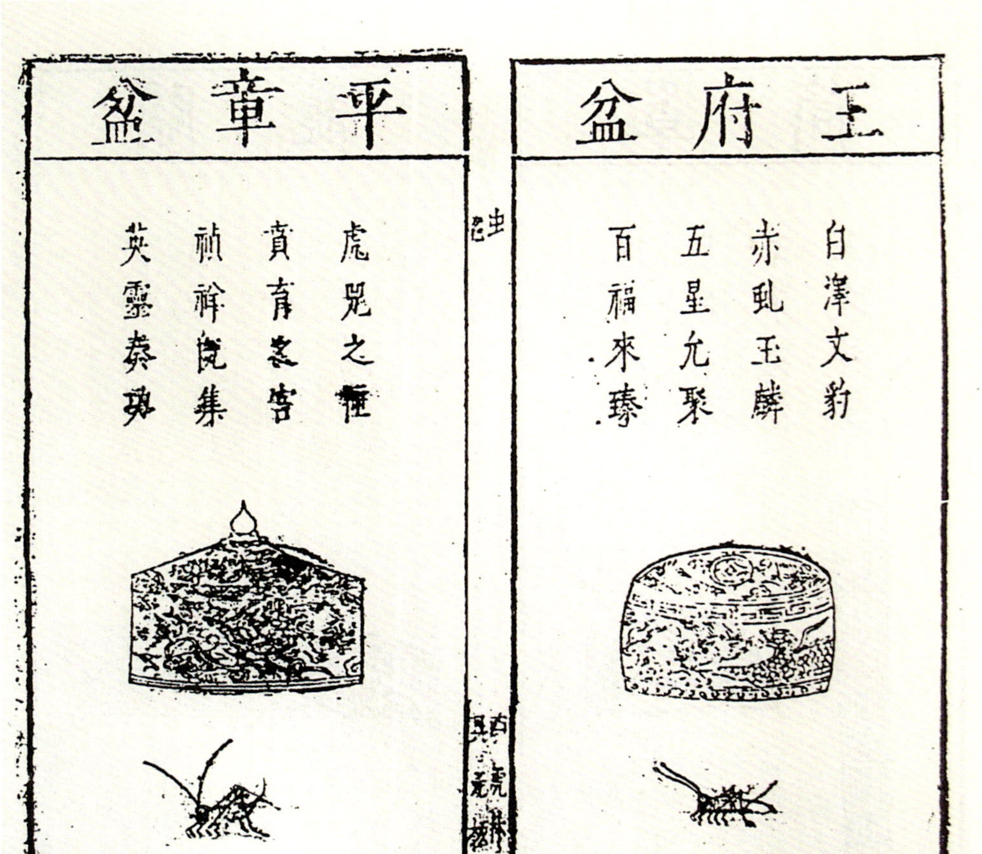

明《鼎新图像虫经》中的平章盆与王府盆

这里介绍得很详细，从情理上说，作者应该见到了宋代的这些盆式，是面对着实物描写的，不会完全凭空想象，甚至也不是对着图像描绘的，因为阴阳纹的区别，以及底的凹凸，仅靠平面的图像是看不出来的，必须面对实物。李石孙《蟋蟀谱》还记载了这样一件事：“杭州西湖葛岭故址，土人掘地得之残损者最多，惟当湖延陵家藏一盆，金饰郑重，精美完好如初，足珍也。”其实这一段是根据《虻孙鉴续》改写的，原文是：

余尝闻当湖延陵氏家藏一盆，系贾平章半闲堂遗物，金饰郑重，完好精美，足称雅玩。时有好事者，数欲购致之，终不能夺。后阋墙致毁，深足惋惜。

由此可见，清代玩家对平章盆的评价相当高，市场价值当然也很昂贵。值得注意的是，这两处记载一说“半闲堂遗物，金饰郑重”……说明平章盆并非简单的陶制或瓷制，可能还镶嵌着各种珠宝，应该相当华丽。可惜至今世上不见平章盆实物，让人难睹其真容。

到贾似道所处的南宋末年，畜养蟋蟀已由笼完全变成罐了。在贾似道的《促织经》里，出现了“盆需用古器”和“若交秋冷，速将盆底填泥”的说法，再也不提笼，说明过渡已经完成。而尤具说服力的是，“文革”期间在镇江畜牧场宫圹桥大队罗家头生产队发掘的一座南宋古墓里，发现了三只陶质蟋蟀过笼（如下图）。据 1973 年《文物》第 5 期苏镇（应该是江苏省镇江宣传部门的化名）的报道，1966 年 5 月，镇江市畜牧场宫圹桥大队罗家头生产队在开渠道时，发现一座南宋墓葬，出土陪葬的石砚、瓷砚、瓷碗、陶罐、铜镜等小型器物十六件及北宋至南宋之际的各类铜钱四十枚。出人意料的是，其中还有三只做工精细的灰陶质蟋蟀过笼。报道称：

蟋蟀过笼共三只，都是灰陶胎。两只为腰长形，长 7 厘米，两头有洞，上有盖，盖上有小纽，纽四周饰六角形双线网纹（图一），其中一只内侧有铭文四字，残一字，“□名朱家”。另一只为长方形，长亦 7 厘米，作盝顶式，顶中有一槽，槽两侧饰圆珠纹，圆珠纹外周斜面上饰斜方如意纹，一头有洞。长方形的蟋蟀过笼，一头有洞，当是捕捉蟋蟀时用的；腰长形过笼两头有洞，宜于放置圆形斗盆中放蟋蟀用的。

镇江市郊发现南宋墓

1966 年 5 月，镇江市畜牧场宫圹桥大队罗家头生产队贫下中农，在开渠道时，发现一座长方形券顶砖室墓，墓室长约 2 米，宽 0.75 米，墓距地表约 1.35 米，方向南偏西。出土文物十六件，有石砚 2，瓷砚 1，影青瓷碗 2，水注 2，小盆 1，小盒 1，酱釉带盖陶盒 1，黑釉陶罐 1，铜镜 2，蟋蟀过笼 3，都是小型器物。又出铜钱 40 枚，有开元、绍圣、太平、至道、祥符、治平、熙宁、元丰、元祐、政和等北宋钱。另有一枚“正隆元宝”，是金主亮于公元 1156 年改元的称号，相当于南宋赵构绍兴二十六年，因此这座墓是南宋时的墓葬。特别是养蟋蟀用的过笼反映封建地主阶级腐朽没落空虚无聊的生活方式的实物，颇为少见。

蟋蟀过笼共三只，都是灰陶胎。两只为腰长形，长 7 厘米，两头有洞，上有盖，盖上有小纽，纽四周饰六角形双线网纹（图一），其中一只内侧有铭文四字，残一字，“□名朱家”。另一只为长方形，长亦 7 厘米，作盝顶式，顶中有一槽，槽两侧饰圆珠纹，圆珠纹外周斜面上饰斜方如意纹，一头有洞。长方形的蟋蟀过笼，一头有洞，当是捕捉蟋蟀时用的；腰长形过笼两头有洞，宜于放置圆形斗盆中放蟋蟀用的。

《宋史列传二百三十三贾似道传：“襄阳围已急，似道日坐葛岭，起楼阁亭榭……日淫乐其中，……尝与群妾踞地斗蟋蟀。所狎客入，戏之曰，此军国重事邪？”宋墓出土的蟋蟀过笼等文物，正足以作为史料的佐证，揭露了南宋封建统治阶级生前过着荒淫无耻的声色犬马的腐朽生活，成了他们对广大贫苦农民进行残酷剥削和压迫的罪证。

图一 蟋蟀过笼

（苏 镇）

晋江地区出土一批元代银锭

晋江紫帽山农场磁联管区金垵大队的贫下中农，在挖井工地上发现一窖银锭，出土大小银锭20件和零碎的银块壹斤多。该窖面宽约 50 厘米见方，四壁用砖砌筑。据反映同时出土的还有几枚宋、元铜钱。这批银锭，最大的一锭长 7.7、腰宽 2.7 厘米，重 360 克，最小的一锭长 6.1、腰宽 2.6 厘米，重 160 克。锭面有的留有看不清的文字或符号的痕迹。各锭的造型和锭面纹饰一律，它和 1959 年 1 月江苏吴县元代吕师孟（卒于大德八年，公元 1304 年）墓中出土的元代银锭相似（见 1959 年11月《文物》）。元末泉州地区统治阶级内部矛盾尖锐，战争频繁，这批银锭可能是当时地主、官僚因战乱而窖藏起来的。（泉州海外交通史博物馆）

《文物》1973 年第 5 期的相关报道

报道最后还引用了《宋史列传二百三十三》“贾似道传”：“襄阳围已急，似道日坐葛岭，起楼阁亭榭……日淫乐其中，……尝与群妾踞地斗蟋蟀。所狎客入，戏之曰，此军国重事邪？”认为“宋墓出土的蟋蟀过笼等文物，正足以作为史料的佐证，揭露了南宋封建统治阶级生前过着荒淫无耻的声色犬马的腐朽生活，成了他们对广大贫苦农民进行残酷剥削和压迫的罪证”。当然，墓主是不是一个“荒淫无耻”“声色犬马”的宋朝官员，现在来看，从其陪葬品的数量及等级来看，恐怕很难确定。墓中出土的陪葬品数量相当有限，只十六个小件物品，除三只过笼，还有石砚二、瓷砚一、影青瓷碗二、水注二、小盆一、小盒一、酱釉带盖陶盒一、黑釉陶罐一、铜镜二，另外还有四十枚铜钱。这些陪葬品不但说不上丰厚，甚至应该说很寒酸！我们注意到，在十六件陪葬品中，竟有三件为砚台，一个为水注（专供注水于砚的盛水器），这都是文房用品，再加上三件是蟋蟀过笼，因此我们推测，墓主应该是一位贫穷而又爱好斗蟋蟀的文人，恐与“荒淫无耻”“声色犬马”的“统治阶级”并不沾边。

（孟昭连 撰文）

20世纪镇江出土的南宋蟋蟀过笼两种

元至德盆

关于元代斗蟋蟀的文献材料比较少见，右侧书影为元代诗人仇远所作《蟋蟀》诗，由听到秋夜蟋蟀的叫声，抒发自己愁苦的心情。最后“平生胜负心，一笑付童子”，指的就是斗蟋蟀。元代是蒙古人治国，统治者对斗蟋蟀这种纯粹汉族的民俗活动，显然不熟悉，当然也不会参与；不仅如此，丞相脱脱主持编撰的《宋史》，还收入了贾似道痴迷于斗蟋蟀之事，并大加讽刺，由此也可以看出元代社会对斗蟋蟀活动的态度，所以文人相关记载很少，这也是可以理解的。但是，一种民俗活动的形成，有历史的原因，也有民族文化心理的原因，不会因为统治者的态度而有所改变。所以，斗蟋蟀在元代民间，尤其是像杭州这样在宋代已形成“都民好养”“乡民争捉入城货卖”的地方，肯定不会消失。此处所录仇远《蟋蟀》诗，前半是写蟋蟀的鸣声，但最后引发出的“平生胜负心，一笑付童子”两句，显然意味着当时儿童仍然有斗蟋蟀的游戏。仇远是杭州人，由宋入元，长期生活在下层，还在溧阳做过小官，对杭州及江南民俗比较了解。

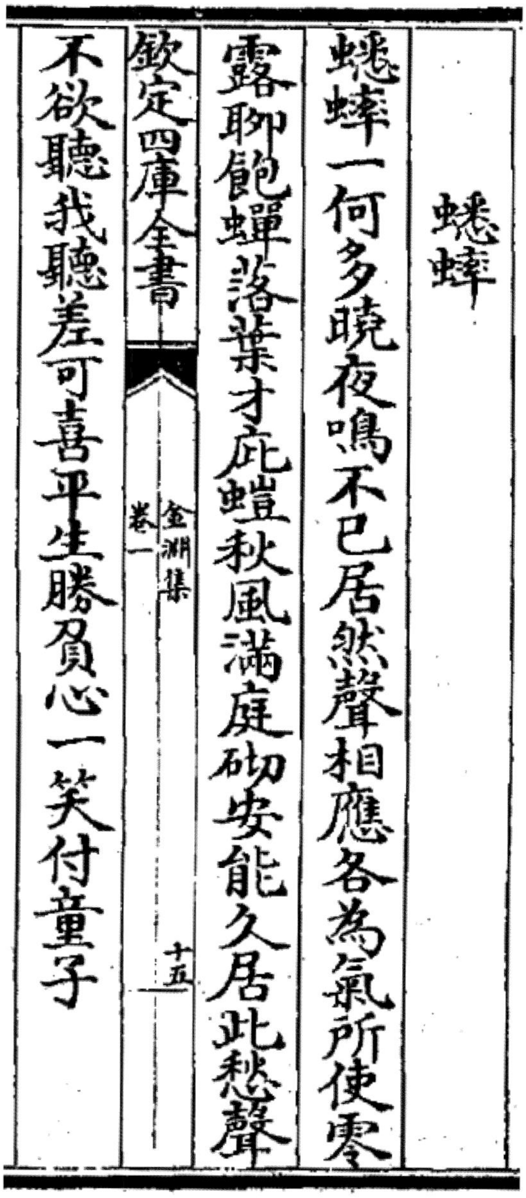
蟋蟀

蟋蟀一何多曉夜鳴不已居然聲相應各為氣所使零露聊飽蟬落葉才庇螘秋風滿庭砌安能久居此愁聲不欲聽我聽差可喜平生勝負心一笑付童子

欽定四庫全書 金淵集 卷一 十五

元 仇远《蟋蟀》

下二罐图取自李石孙《蟋蟀谱》，是在明人《鼎新图像虫经》基础上新添的。二罐纹饰一为花卉，一为山水，完全没有宋、明两朝的龙纹图案，也从一个角度说明这些罐皆为民间所用，不可与“平章盆”“宣德盆”同日而语。李石孙总结元代罐的特点：

> 元制盆式矮匾，圆形如鼓，盖平无边，底平无足。边素质者如鼗鼓，口底上下两周皆乳，底有“大元至德年制”楷字阴文。

李石孙《蟋蟀谱》中的两具元至德盆图

二图的来源为何？是来自某一秘本，还是李石孙自绘的？是照实物绘的还是凭空想象出来的？这些都是未知的。尤其是“元至德盆”之名，也引起了一些人的怀疑，原因是有元一朝并无“至德”年号，故认为盆应该是无知妄人伪造的。蟋蟀罐的造假是存在的，而且历代就没有断绝过，但从情理上说，造假是为牟利，赝品越像真品越能让人相信，最后才能达到目的，岂有赝品署一个无中生有的年号，这不是太笨了吗？出于好奇，笔者在古籍文献中检索了“元至德”一词，居然发现明清以来有数十部文献中出现了这个年号，而且有一个突出现象，即方志类文献用得最多，如《正德云南志》《万历山西通志》《顺治潮州府志》《康熙介休县志》《雍正敕修陕西通志》《乾隆桐庐县志》《嘉庆徽县志》《同治韶州府志》《光绪昌平外志》等，共十五部方志著作。其他如《历代画史汇传》卷四十七：“赵孟頫，字子昂……宋宝祐甲寅生，元至德壬戌卒，年六十有九，谥文敏。”《御选宋金元明四朝诗・明诗》：“秦约字文仲，其先盐城人，元至德间为崇德教授，洪武初应召试，拜礼部侍郎。”其实清代已经有人发现了这个问题，如《钦定日下旧闻考》引用刘侗等《帝京景物略》的内容“原燃灯佛塔建自后周宇文氏，贞观中尉迟敬德修，元至德间都哩都尔苏再修”。编者加了一个按语：“臣等谨按：至德为唐肃宗年号，元代无之。《帝京景物略》所载元至德，应是大德之误。”无独有偶，《民国丹阳县志》补遗中也有一则考证：“元至德，考元史无至德年号，在元贞后，系大德误。”以纠正此前《光绪重修丹阳县志》中的错误。也有相反的，就是把“大德”改为“至德”，如正德《大同府志》：“灰泉，在怀仁县东二十五里。元大德乙巳夏，大同地震，有声如雷。怀仁县地裂二所，涌水尽黑，漂出松柏朽木，即此泉也。”但《万历山西通志》卷五：“灰泉，在怀仁县十五里，元至德间地震迸裂，涌出黑水及松柏木即此。”

鉴于中国古代纪年的特殊性，即形式多样，改元频繁，用字类似，而且还有一个年号重复使用的，甚至还有一年数个年号的，所以换算起来比较麻烦，也容易出现讹误。在这种背景下，来看明清如此多的文人笔下的“元至德”说法，究竟是一种“集体无意识”的笔误，还是因某种特殊原因形成的有意行为（比如避讳），尚需进一步研究。当然，这些都不影响我们对李石孙《蟋蟀谱》中的两幅“元至德盆”图的理解，既然宋代宣和盆、平章盆那么有名，元代民间蟋蟀盆的制作必然还会持续，只是民间匠人在罐底署款时也犯了文人常犯的错误而已，但这不应该成为否认元至德盆真实性的理由。至于李石孙是否故意作伪，更不可能。作为一个近代以来著作颇丰的文人，生活于斗蟋蟀习俗浓厚的京津两地，自幼就有斗蟋蟀的嗜好，也积累了丰富的养斗经验，见识广博，《蟋蟀谱》就是他在家藏秘本基础上，结合自己的半生经验写成的，不可能无中生有地伪造两幅蟋蟀盆图加进自己的心血之作中来。

（孟昭连 撰文）

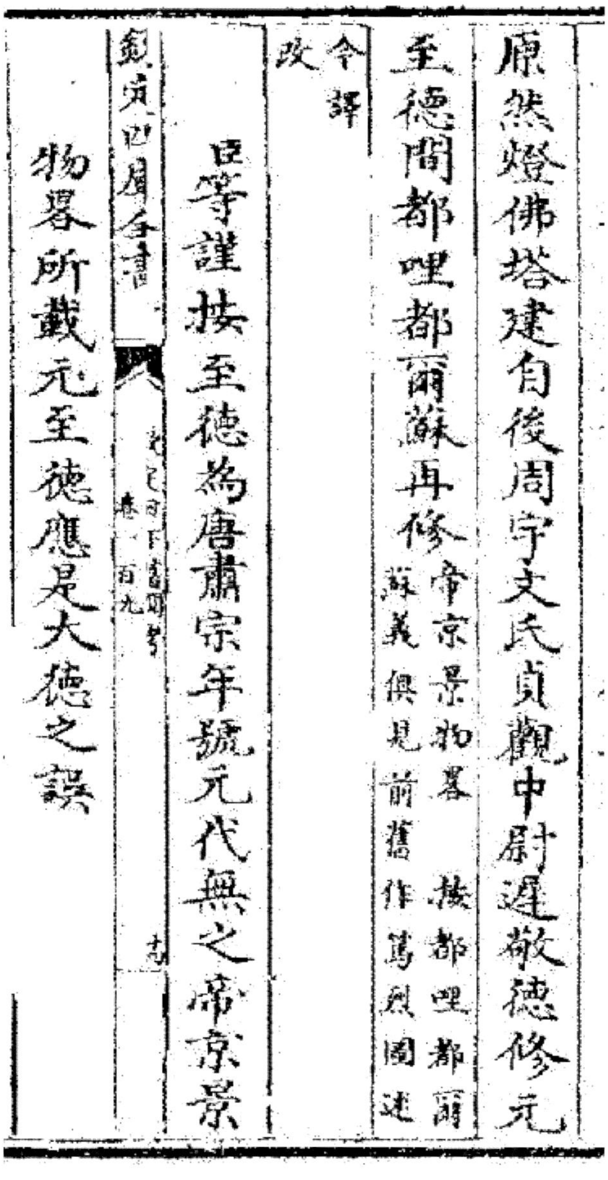

原然燈佛塔建自後周宇文氏貞觀中尉遲敬德修元
至德間都哩都爾蘇再修帝京景物畧 按都哩都爾蘇義俱見前舊作篤烈圖迷今譯改
臣等謹按至德為唐肅宗年號元代無之帝京景物畧所載元至德應是大德之誤

欽定四庫全書

欽定日下舊聞考 卷一百九

《钦定日下旧闻考》按语

明代斗蟋蟀与“蟋蟀皇帝”

斗蟋蟀之风到明代愈刮愈盛，竟刮出个酷好此戏的“蟋蟀皇帝”明宣宗来。与这位蟋蟀天子比起来，南宋的“蟋蟀宰相”便显得有些“小巫见大巫”了。明宣宗不但喜好斗蟋蟀，而且简直到了入迷的程度。其实，明宣宗在史上还算是一个有作为的皇帝，比如对外休兵养息，对内清革前弊，精简裁冗，以振朝风，蠲免税粮，赈灾救荒等，稳定了统治。同时，宣宗又是一个多才多艺的人，有很高的绘画才能，喜欢田猎、游戏，最为后人诟病的就是酷爱斗蟋蟀，也因此，后世提到他就想到“蟋蟀皇帝”的骂名，他治理国家的成绩反而被忽略了。下面两幅书影是他在位时连续两年采办蟋蟀的诏书，宣德八年（1433）的是催太监刘安儿及苏州知府莫愚与况钟“再取促织一千个”，看来前面已送了若干，嫌不够，要他们接着送。宣德九年（1434）的这个更有意思，居然埋怨况钟这年送的蟋蟀“数少”，而且“细小不堪”，催他再送一千个，而且警告他“不要误了”！皇帝下诏要下面进贡蟋蟀，这不但在中国历史上，恐怕世界历史上也是奇闻！

明宣宗朱瞻基

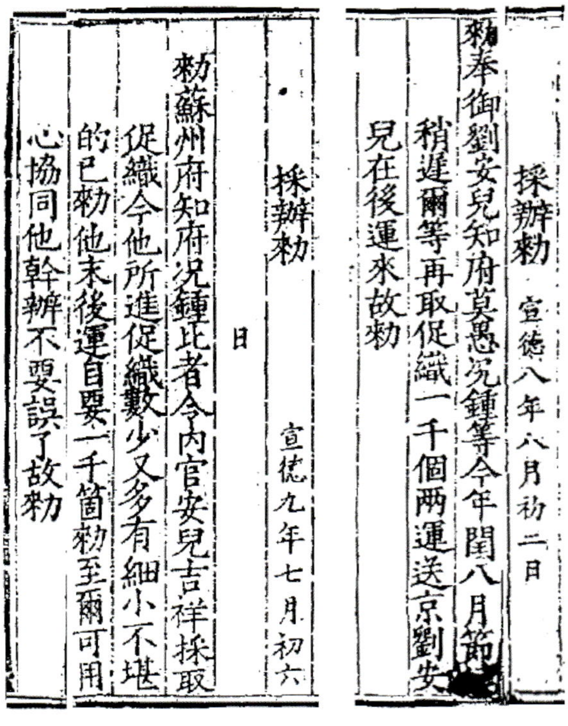

採辦勅　宣德八年八月初二日
勅奉御劉安兒知府莫愚況鍾等今年閏八月節稍遲爾等再取促織一千個兩運送京劉安兒在後運來故勅

採辦勅　宣德九年七月初六日
勅蘇州府知府況鍾比者令內官安兒吉祥採取促織今他所進促織數少又多有細小不堪的已勅他末後運自要一千箇勅至爾可用心協同他幹辦不要誤了故勅

宣德八年与九年两次采办蟋蟀的诏书

问题还在于这位皇帝是个玩蟋蟀的行家里手，不但需要量大，而且对贡品的质量要求十分严格，很难蒙混得了。既然皇帝下令，况钟等辈当然不敢当作儿戏，只好劳民伤财，逐级动员，作为一项政治任务来完成。史载当时各级官吏见皇帝酷爱促织，便投其所好，纷纷以蟋蟀邀宠希幸，以致“苏州卫中武弁，尚有以捕蟋蟀比首虏功，得世袭者”。当时有一位朱姓的镇抚，就是因为“进此得宠，遂加秩”。不过更多的是悲剧。明李栻《历代小史·明纪略》载：

宣庙好促织之戏，遣取之江南，其价腾贵至十数金。时枫桥一粮长，以郡遣觅得其最良者，用所乘骏马易之。妻妾以为骏马易虫必异，窃视之，跃去矣。妻惧，自经而死。夫归，伤其妻且畏法，亦经焉。

此则后又为吕毖《明朝小史》收入，流传甚广。这位粮长因受上级差遣，竟用一匹好马换来一只蟋蟀！没想到的是，妻妾二人好奇，最终竟酿成夫妇同死的大悲剧。清代作家蒲松龄曾以此为素材，创作了小说《促织》，描写成名一家围绕进贡蟋蟀而发生的悲喜剧。与原始素材不同的是，蒲松龄为故事设计了一个先悲后喜的结局，故事主人公先是因促织而丧子，后竟因促织而致富，“不数年，田百顷，楼阁万椽，牛羊蹄躈各千计。一出门，裘马过世家焉”。《促织》虽为小说，却是宣德朝斗蟋蟀之戏的真实写照，暴露了皇帝的一喜一乐为社会造成的严重问题。蒲松龄在作品最后感叹道：“天子偶用一物，未必不过此已忘。奉行者即为定例，加之官贪吏虐，民日贴妇卖儿，更无休止。故天子一跬步，皆关民命，不可忽也。……闻一人飞升，仙及鸡犬。信夫！”

根据《促织》改编的连环画封面

明代最高统治者对斗蟋蟀的特殊兴趣，客观上推动了这项活动的迅速发展。我们知道，根据前文引述的文献史料，斗蟋蟀游戏本来应该是兴起于南方，宋代就已经相当成熟。此时，北京并没有相关的记载，如上所说，元代仇远诗中所写是杭州的情景，而北方的大都城里没有这

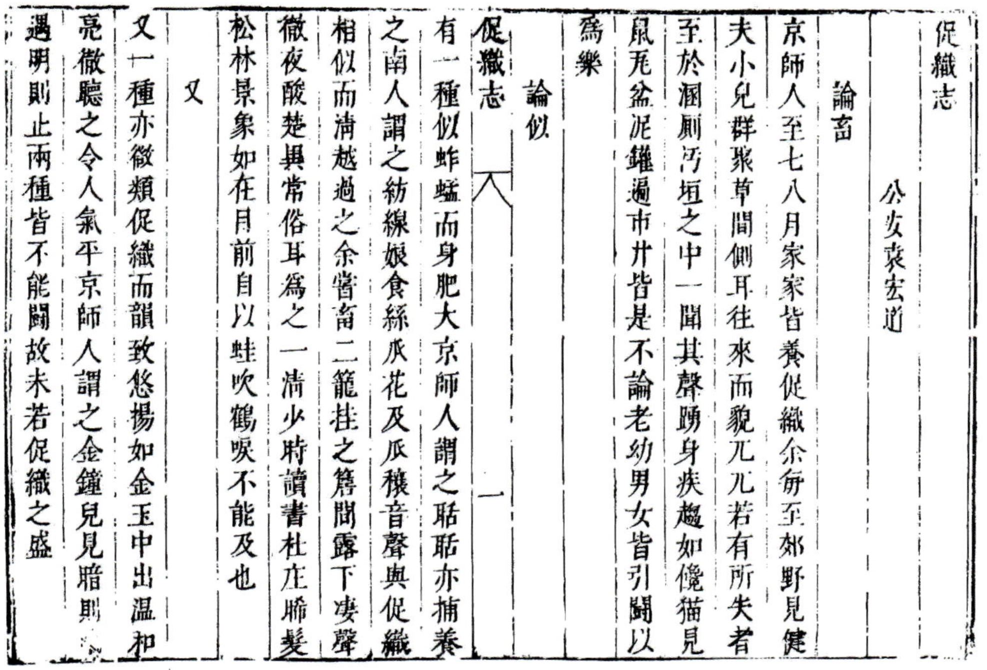
促織志

公安袁宏道

論畜

京師人至七八月家家皆養促織余徧至郊野見健夫小兒群聚草間側耳往來而貌兀兀若有所失者至於溷厠汚垣之中一聞其聲踴身疾趨如餽猫見鼠瓦盆泥罐遍市井皆是不論老幼男女皆引鬬以為樂

促織志 一

論似

有一種似蚱蜢而身肥大京師人謂之聒聒亦捕養之南人謂之紡綫娘食絲瓜花及瓜穰音聲與促織相似而清越過之余嘗畜二籠挂之簷間露下凄聲徹夜酸楚異常俗耳為之一清少時讀書杜庄晞髮松林景象如在月前自以蛙吹鶴唳不能及也

又

又一種亦微類促織而韻致悠揚如金玉中出溫和亮徹聽之令人氣平京師人謂之金鐘兒見暗則鳴遇明則止兩種皆不能鬬故未若促織之盛

明 袁宏道《促织志》
（《说郛续》本）

种风俗。比如明清文献记北京风俗，斗蟋蟀活动是绝对少不了的，但元人熊梦祥《析津志》记大都城巷风俗，竟完全不涉斗蟋蟀，这只能说明元代的北京城还没有这种风俗。但明代宣宗以后，所谓“上有所好，下必甚焉”，斗蟋蟀的狂潮席卷大江南北，不分官民贫富，无论城乡妇幼，竞以斗蟋蟀为乐，几乎成为一种社会的“时髦”，斗蟋蟀的中心也由南宋时的杭州，转移到明代首都的北京，以致京城百姓几乎人人皆有此好。袁宏道《袁中郎集·蓄促织》：

京师人至七八月，家家皆养促织。余每至郊野，见健夫小儿，群聚草间，侧耳往来，面貌几几，若有所失者。至于溷厕污垣之中，一闻其声，踊身疾趋，如馋猫见鼠。瓦盆泥罐，遍市井皆是。不论老幼男女，皆引斗以为乐。

这是万历年间的事。作者描写得非常生动，所谓“家家皆养促织”“不论老幼男女”，说明斗蟋蟀活动在北京城里绝非少数人的爱好，而是发展成一个全民娱乐的活动。袁宏道是湖北人，可能一开始不太熟悉北方的这个爱好，从其描写中可以看出，当他看到满北京城里这个情景，感到万分惊讶！崇祯时的北京城里依然如此。《帝京景物略》载：

七月十五日上坟如清明时，或制小袋以往，祭甫讫，于墓次掏促织，满袋则喜，秫竿肩之以归。是月始斗促织，壮夫士人亦为之。斗有场，场有主者，其养者又有师。斗盆筒罐，无家不贮焉。

连宫中太监也以斗蟋蟀为好。《明宫史》载：

斗促织，善斗者一枚可值十余两不等。各有名色，以赌博求胜也。秉笔唐太监之征、郑太监之惠，最识促织，好蓄斗为乐。

除北京外，苏杭一带仍承贾似道的遗风，斗蟋蟀之热情未有少歇。《万历野获编》说：“近日吴越浪子有酷好此戏，每赌胜负辄数百金，至有破家者。”《庚巳编》也说：“吴俗喜斗蟋蟀，多以决赌财物。”

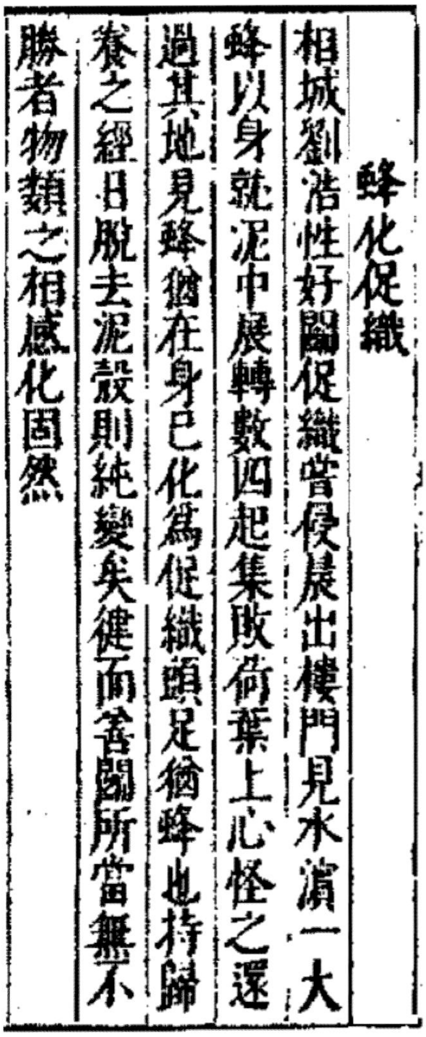
蜂化促織
相城劉浩性好鬬促織嘗侵晨出樓門見水濱一大蜂以身就泥中展轉數四起集敗荷葉上心怪之還過其地見蜂猶在身已化爲促織頭足猶蜂也持歸養之經日脫去泥殼則純變矣健而善鬬所當無不勝者物類之相感化固然

明 陆灿《庚巳编》“蜂化促织”

实事求是地说，我们不能把此后的“蟋蟀热”及其引起的弊病完全归罪于皇帝。因为毕竟并非每一朝皇帝都喜斗蟋蟀，因捕捉进贡蟋蟀而得官致富也只是很偶然的事。根据以上记载可以看出，既然“壮夫士人”老幼男女“皆引斗以为乐”，更主要的原因还在于这项活动本身确实有很强的吸引力，能为人带来精神上的极大愉悦。当时的诗人高承埏曾写过一首《蟋蟀赋》，把人们用斗蟋蟀取乐的热闹场面写得生动活泼，使人读了觉得斗蟋之戏确实是奇趣横生，作为一项消闲解闷的民间游戏无疑是可取的。另外也毋庸讳言，斗蟋蟀活动出现不久就产生的赌博功能，至明代又有了进一步的发展，人们的嗜利观念与斗蟋之戏的娱乐功能结合在一起，使这项活动得到了畸形的发展。明代所有有关斗蟋蟀的记载，几乎都同时谈到了赌博。如沈德符所说的“吴越浪子有酷好此戏，每赌胜负辄数百金”，《明宫史》所说的“以赌博求胜”，以及高承埏《蟋蟀赋》里所写的“赌以玉麈，注以金钱”等语，无不说明斗蟋蟀与赌博在明代已融为一体，已经变成赌博的代名词。对大部分人来说，赌博赢钱的目的可能比娱乐性更为重要。当然，由于赌注下得越来越大，不可避免地出现有人欢乐有人愁的人生悲喜剧。《庚巳编》载：“予里人张廷芳者，好此戏，为之辄败，至鬻家俱以偿焉。岁岁复然，遂荡其产。”不过他后来又遇到好运，经玄坛神的指点，捕到一只神变的蟋蟀，“用以斗，无弗胜者，旬日间获利如所丧者加倍。至冬，促织死，张恸哭，以银作棺葬之”。美好的结局显然是虚构的，这不过是赌徒们心里的美好打算而已，事实上不可能有什么玄坛神来帮助他们。斗蟋蟀变成了赌博，玩蟋蟀的人变成赌徒，于是这项活动慢慢步入邪途。明代的一段时间里，各行各业都热衷于此戏，几乎成了一个严重的社会问题，出现了“贵游至旷厥事，豪右以销其资，士荒其业”（刘侗等《帝京景物略》）的局面，甚至连军中将领也沉湎于斗蟋蟀的赌场中：“马士英为人极似贾秋壑，其声色货利，无一不同。羽书仓皇，犹以斗蟋蟀为戏，一时目为蟋蟀相公。然则蟋蟀一物，既亡宋又亡明矣。”（王应奎《柳南随笔》）马士英为明末将领，曾为南明东阁大学士，进太保。他在清军进攻迫在眉睫之际，不为抗清大计，仍大斗蟋蟀，故被人斥为“蟋蟀相公”，可与贾似道的“蟋蟀宰相”并为“不朽”；而蟋蟀微物，竟也因此而蒙受亡国之虫的恶名，悲夫！

斗蟋蟀在明代虽一度成为社会问题而衰歇过，但总体来看，其养斗技巧又有了进一步的提高。由于这时玩养蟋蟀的人极多，不少玩家为斗蟋取胜，花费大量心血，潜心研究，用心实践，更有人注重对实践经验的总结，并提高到理论的高度，使蟋蟀的养斗更趋科学化，提高了斗蟋之戏的文化价值。如几种《蟋蟀谱》对蟋蟀的分类，更趋细致具体，仅“论形”就分为十七种，“论色”则分为七十一种，并均以形象化的语言命名之。在饲养方法上，除了有“喂养歌诀”谈到蟋蟀对温度、光线、食料、饮水、禁忌等方面的要求，还记录下当时养虫名家的喂养方法作为

《鼎新图像虫经》中的小儿斗蟋蟀图

参照，为广大养虫家提供了切实可行的实际经验。袁宏道、刘侗对明代京城斗蟋蟀状况的记载，则为我们提供了更感性、形象的认识材料。另外刘侗《促织志》还记载明代已发明了人工繁殖蟋蟀的方法，说明此时人们对蟋蟀的生活规律不但已经有了深刻认识，而且已经完全掌握，这在昆虫学的历史上也是一件了不起的事。事实上，有些民间育虫的秘密方法，即使在现在也还是昆虫学家们研究的课题，而在几百年前却被蟋蟀玩家们解决了。发明人工繁殖蟋蟀的方法，最初的起因是某些蟋蟀酷爱者想克服自然条件的限制，使隆冬季节也可以摆开蟋蟀竞斗的战场，同时也可以使某些优良品种得以流传。但后来发现人工繁殖的蟋蟀斗性不足，没有达到预期的效果，于是只好作为鸣虫畜养，“留其鸣深冬”了。袁宏道和刘侗的两部《促织志》又分别见于二人的集子中，前者见《袁中郎集》“蓄促织”条，后者见《帝京景物略》“胡家村”条。这两种本来并不是专为养蟋蟀的人而写，原名也不叫《促织志》，是清人陶廷重校大型类书《说郛》收入这两部分时改为现名。二书基本上是采撷贾氏《促织经》有关内容而成，无多发明。然书中所记明代京师人斗蟋蟀的盛况却很生动，令人能够想象出满城男女争斗蟋蟀的热闹场面和气氛。明代的闵景贤写的一首《观斗蟋蟀歌》中说：“燕市斗场挨户户，正酒色天好决赌。各提斗盆绣花缕，摩挲入手澄泥古。”王醇《促织》诗中有“风露渐凄紧，家家促织声”。这些描写都说明明代京城中的斗蟋蟀活动可以说如火如荼，异常兴旺。

（孟昭连 撰文）

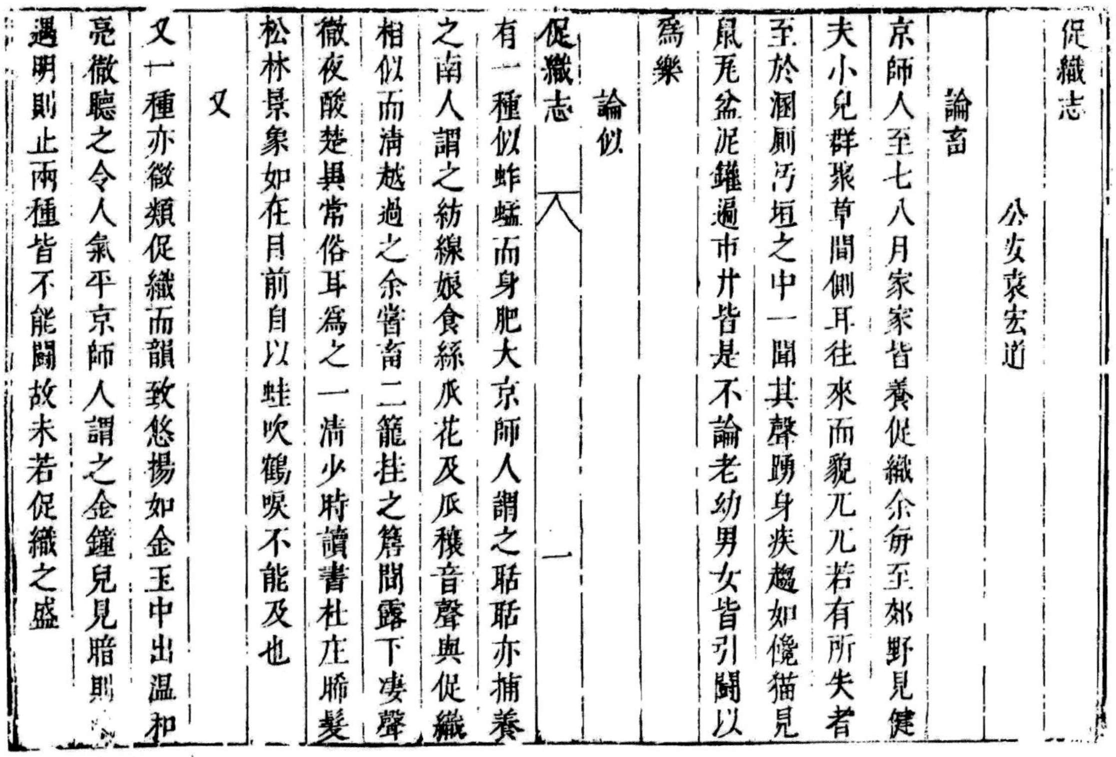
促織志

公安袁宏道

論畜

京師人至七八月家家皆養促織余每至郊野見健夫小兒群聚草間側耳往來而貌兀兀若有所失者至於溷廁污垣之中一聞其聲踴身疾趨如饞猫見鼠瓦盆泥鑵遍市井皆是不論老幼男女皆引鬪以為樂

論似

有一種似蚱蜢而身肥大京師人謂之聒聒亦捕養之南人謂之紡線娘食絲瓜花及瓜穰音聲與促織相似而清越過之余嘗畜二籠挂之簷間露下凄聲徹夜酸楚異常俗耳為之一清少時讀書杜庄晞髮松林景象如在目前自以蛙吹鶴唳不能及也

又

又一種亦微類促織而韻致悠揚如金玉中出溫和亮徹聽之令人氣平京師人謂之金鐘兒見暗則遇明則止兩種皆不能鬪故未若促織之盛

促織志　一

刘侗《促织志》（《说郛续》本）

永乐盆与宣德盆

至于畜虫工具，明代已完全摒弃了笼养之法，普遍采用盆养。袁宏道所记京城“瓦盆泥罐遍市井皆是”，刘侗所记“斗盆筒罐无家不贮”，都说明养蟋蟀要用盆已经成为常识，这与《西湖老人繁胜录》上所记的南宋时杭州城里售卖各种蟋蟀笼，正好形成一个鲜明的对照。与蟋蟀盆的普遍使用相联系，明代出现了专门的蟋蟀盆制造业，并有一批手艺精巧的工匠艺人。所制不但实用，而且精致工巧，成为一种新兴的民间工艺品。李石孙《蟋蟀谱》总结明罐诸式及其特点：

明制盆式如古制，纹有双龙，细镂花鸟、锦文、冰梅竹、龙凤、双凤、云鹤、荷鹭、云物，嵌以珠宝，饰以金碧。其款式大小不一，方圆俱备，无不精巧。夹底盆式如古制，纹有荷鹭、鹤鹿、冰梅、花卉、竹石、断锦文、人物、山水、流云、龙凤各式。内用五色细磨砖片，间杂成锦纹，镶于盆底，如地平砖式。纯素盆式断竹直口，平盖，细镂花鸟如嵌宝，唯略扁二三分，质略薄一分。……商山巨室所藏皆有金碧之饰。细镂锦纹盆、素甘断盆。高深五寸，罗元一尺六寸五分；高深四寸，罗元一尺盈二寸；高深三寸，罗元九寸有奇；高深三寸，罗元九寸。以上盆底俱有年号制印。阳文皆长印，阴文无边，楷字“大明宣德年制”。亦有正德、天启年号等印。又有芝兰堂、索兰堂、瑞芝珍玩等印，俱方式。

其中以永乐盆与宣德盆最有名，但从文献记载来看，宣德盆声名最著，而且在文献中出现得更早。明代文献没有提到永乐盆，清代早中期亦不见，一直到了晚清，旗人富察敦崇的《燕京岁时记》才说：“故秋日之蛐蛐罐有永乐官窑、赵子玉、淡园主人、静轩主人、红澄浆、白澄浆之别，佳者数十金一对。”其后是近人邓之诚1926年出版的《骨董琐记》“蛐蛐罐”条：“石虎胡同蒙藏学校，上年掘土种花，得蛐蛐罐极多。有姑苏彩山窑常德胜制者十一，永乐制也。”最后是1930年出版的李石孙《蟋蟀谱》，在明《鼎新图像虫经》的基础上增补了明代的三种盆图，包括永乐盆、明宣德盆、大明宣德盆。李氏《蟋

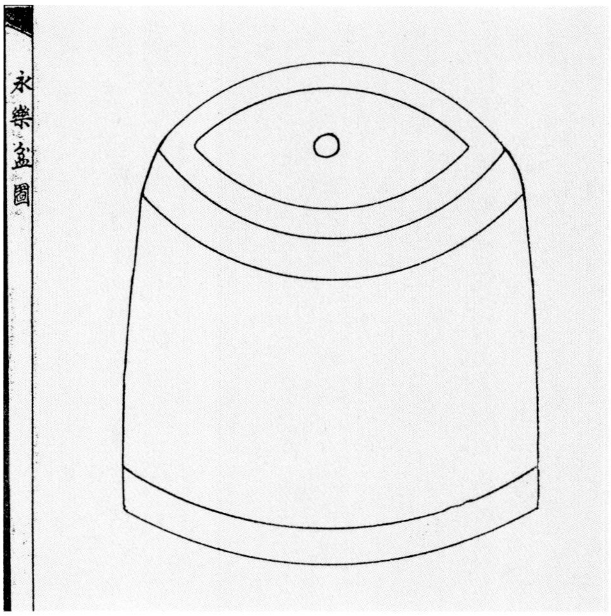

李石孙《蟋蟀谱》的永乐盆图

蟀谱》是在家藏秘抄本《促织志》《蛩论》等有关蟋蟀的著作基础上纂集而成的，所补盆图究竟是有抄本根据，还是根据有关文字记载自己绘制的，还有待考证。但明永乐盆有上述两种文字记载，可以证明李谱的绘图并非无中生有，说明永乐盆确实是存在的。

故宫藏宣德年间仿汝釉蟋蟀斗罐

相比而言，明代宣德盆声名远播，一个重要原因可能是宣德皇帝斗蟋蟀太有名了，于是宣德盆也水涨船高，就像平章盆因贾似道而更名贵一样。永乐帝一生征战沙场，并无斗蟋蟀雅好，反而不如宣德因斗蟋蟀而出了名。宣德盆的名贵也与相关文献记载较多有关，宣德以后不久，当时的文献就开始对宣德盆的市场价值做出很高的评价。如李诩《戒庵老人漫笔》卷一云：“宣德时苏州造促织盆，出陆墓（俗呼母音）邹、莫二家。曾见镂雕人物，妆彩极工巧。又有大秀、小秀所造者尤妙，邹家二女名也。久藏苏州库中，正德时发出变易，家君亲见。”其后沈德符《万历野获编》亦云：“今宣窑蟋蟀盆甚珍重，其价不减宣和盆也。”也就是说，宣德盆至万历年间就已经很难得，被玩家视为珍宝了，而且一直延续到清代以至现代。清《虰孙鉴》云：“明以宣德盆为贵，其款识大小具备，无不各极精工。……维时商山巨室，多尚此盆，后人称为商山盆，间得一二，可置案头清玩。”近人徐珂《清稗类抄》“王丹思”条亦载：“（宣德）宫中贮养蟋蟀之具，精细绝伦，故后人得宣德蟋蟀盆者，视若奇珍。”宣德盆为苏州所造，据传宣德皇帝御用的一具戗金盆，声名最著，价值连城。清初诗人吴伟业曾作诗以记之，中有“戗金髹漆隐双龙，果厂雕盆锦香褥”之句。现在还有少量明宣德罐存世，多为澄泥精工制作，造型端庄，花纹图案龙腾凤舞，质地细腻滑润，古朴雅致，显示出极高的工艺价值。下右图是

李石孙《蟋蟀谱》的大明宣德盆图

明宣德狮球罐

真正的宣德罐，器型厚重，器身满布狮球花卉图案，做工精细无比，原为清宫中物，后为天津黄绍斌先生藏，近年拍卖竞拍出470万元的高价！

李诩《戒庵老人漫笔》说的“陆墓”指苏州齐门外的陆墓镇，早在宋代这里就设有御窑，专门为皇室烧制各种精巧瓷器。明时因宣宗喜斗蟋蟀，这里又成了烧制御用蟋蟀罐的地方。陆墓土质细洁，很少杂质，碱性不大，烧出的蟋蟀罐光洁细腻，敲之有金玉之声。邹家先后有邹显文、邹振宗、邹东帆、邹宏发、邹唯新等多人，都是明清著名的蟋蟀罐匠人。宣德要从苏州进贡蟋蟀，可知苏州蟋蟀在当时斗场上是很有名的，所以苏州连带着成为制作蟋蟀罐的基地，也是顺理成章的。除了苏州，景德镇官窑也出蟋蟀盆，而且是不同于苏州陶制的瓷盆，对此以前的文献记载不足，研究者也缺乏了解。但20世纪80年代至90年代，一批出土文物改写了历史。景德镇陶瓷考古研究所发掘了两处御窑窑址，出土了大量宣德年间的青花蟋蟀罐的残片，经复原修整，拼合出二十件精美的宣德蟋蟀罐，虽然这些复原器在经济价值上不能与成品相比，但其文物研究价值丝毫不差，甚至更强。总体来看，虽然这些虫罐的形制相差不大，但其文饰题材相当丰富且独特，有黄鹂白鹭、莲池珍禽、海东青与猎犬，以及芦洲鸳鸯、洲渚水鸟等。专家考证，这些出土的残片都是人为砸碎的，而非天灾或其他意外造成的。何以如此？一种解释是当年为保证贡品的质量，只挑出几件顶尖的产品，其余的残次品循例都要销毁掩埋。另外还有一种可能，即宣宗在宣德八年、九年诏苏州刺史况钟进贡千只蟋蟀的同时，在景德镇官窑定制了一批蟋蟀罐，不成想次年他就去世了。而按照当时宫廷档案资料记载，凡有五爪龙纹、黄彩釉以及书写帝王年号款的瓷器，只供朝廷使用，严禁流入民间。所以这批尚未来得及进贡的御用蟋蟀罐只好砸碎掩埋了事。

（孟昭连 撰文）

景德镇出土青釉宣德蟋蟀罐
图引自刘新园《明宣德窑蟋蟀罐》

景德镇出土青花宣德蟋蟀罐
图引自刘新园《明宣德窑蟋蟀罐》

景德镇出土青花宣德蟋蟀罐残片复原的部分成品　图引自刘新园《明宣德窑蟋蟀罐》

宣德黄底青花蟋蟀罐

宣德青釉素纹蟋蟀罐

明隆庆罐

宣德皇帝虽然以好促织之戏著称，但作为一国之君，毕竟不是什么好事，也引起社会观感不佳，所以等他去世后，其母张太后马上下令：“将宫中一切玩好之物、不急之务悉皆罢去。”唯恐宣德的诸多“雅好”，影响了刚登基的七岁新君正统皇帝。所以此后的明代皇帝，大多没有斗蟋蟀的爱好。也有人说，宣德之后，隆庆、万历二朝的蟋蟀罐较多，说明这两朝皇帝也喜斗蟋蟀。下图隆庆盆绘五爪龙，可知应是御用物。再就是，明宫里的太监们一直乐此不疲，而且直到晚明。隆庆年间的太监张维还写了一首《戏题斗促织》的诗如右。可见皇帝不再斗蟋蟀，并不影响它作为宫中太监宫女们的娱乐方式。下图青花蟋蟀罐出于隆庆年间，与古谱上的宣德罐相比，式样与图案竟毫无二致，反映出前后继承的关系。

（孟昭连 撰文）

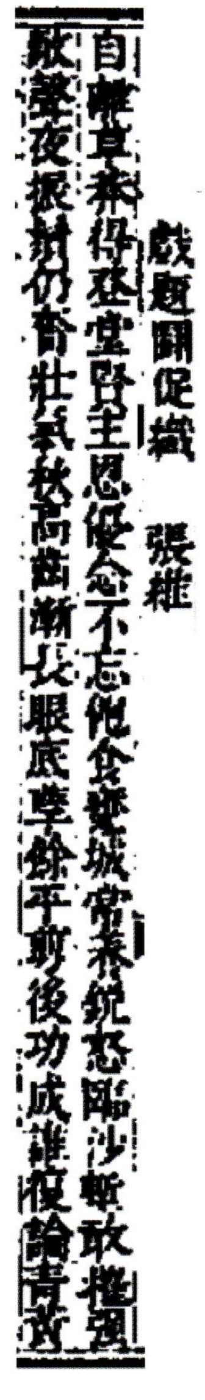

戲題鬬促織 張維

自離草莽得登堂賢主恩優念不忘飽食雕城常養銳怒臨沙塲敢摧强
敢聲夜振豺仍奮壯氣秋高齒漸長眼底羣餘平敵後功成誰復論青黃

明 张维《戏题斗促织》

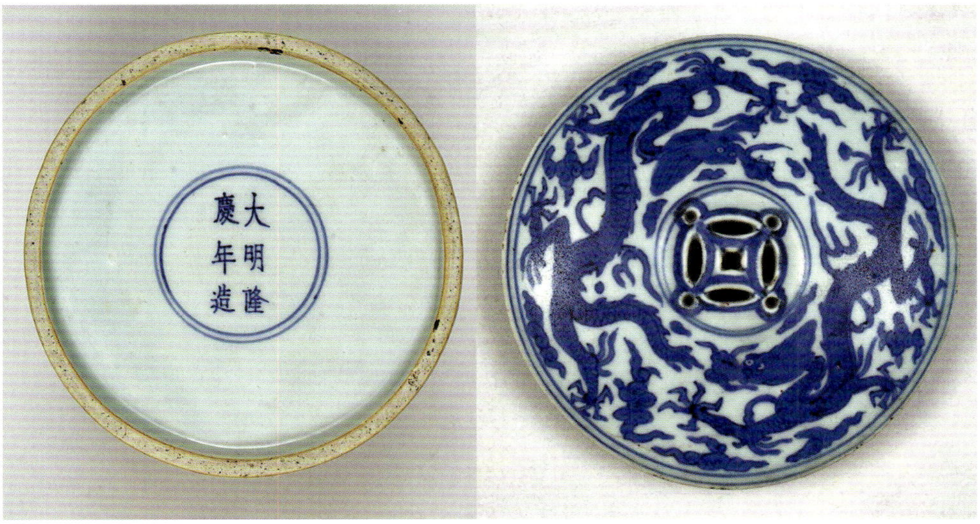

故宫藏明隆庆青花云龙纹蟋蟀罐盖与底

李石孙《蟋蟀谱》宣德盆图

故宫藏明隆庆青花云龙纹蟋蟀罐

◎ “大清康熙年造”盆

直径 13.2 厘米。此盆为康熙年间御用官器，有以下几点说明：在清代落大清款必是官器，此盆盖和足底落“大清康熙年造”六字款，字体工整，此盆盖上有五爪龙图案，在清朝民用之物是不可以的，应为康熙皇帝本人御用。

大清康熙年造
大清康熙年造

◎ “瓦中玉土晶”盆

直径 12.2 厘米。长方形外框，两行，行三字。此盆为高桶子白泥及细雕镂蝴蝶而填以五彩色泥，故曰“蝴蝶盆”。此盆为蛐蛐罐中之极品，1972 年报纸曾载，当年慈禧赏赐谭鑫培的蝴蝶盆一对及恭信主人盆赵子玉一对，后来丢失，文物公司在报上登启示，如找回一只，奖励一万元。1972 年的一万元相当于现在多少可想而知。此盆为宫中御品，传说当年张学良将军曾收藏。天津还有另外两只真蝴蝶盆，其中一只盖小，另一只盖大，泥色也不好，镶嵌蝴蝶也少。行里蛐蛐罐资深收藏家们一致认为：“此盆为他们见过全国最好的一只。”

万礼张

论及蟋蟀罐，万礼张（亦作万里张）是个绕不开的人物，在不少人的心目中，他可以说是“神一样的存在”，他制作的蟋蟀罐，是古代工艺珍品，价值极高。据传，万礼张是明代人，不过其名见诸文献很晚，第一次是在晚清拙园老人《虫鱼雅集》的“选盆”一节中：

盆须陈旧。新盆有火气，虫体受伤。初秋用高大凉盆，万礼张瓦罐名曰马蹄盆，最为得用。后秋用细泥小巧之盆。均须陈旧，且罐底务宜活土底，汕时渗水；死底汪水，无益蟋蟀。……万礼张罐子可用。又有彩山窑及各色苏盆，皆不可用也。

另外在此书的“汕罐”部分，也有“万礼张”之名：“串子即过笼，有许多名目。至好者曰宣德串，其次五福、鹦鹉偷桃、五福拉花、鹦鹉拉花、白泥、紫泥、万礼张、菊花串、寸方子、单枣花、双枣花、哈拉扁、方胜扇面种种不一。”说明万礼张不但制盆，兼做过笼。但最好的是宣德串，这与宣德罐的名气是一致的。但从作者的排名也可看出，万礼张的过笼只能算中等的，并不突出。

有文献显示，拙园老人系满族人荣廷的号，字虞臣，汉姓尹。曾任苏州织造、内务府坐办堂郎中。光绪庚子年告老还乡，修治庭院，取名“赏心乐事斋”。喜养金鱼、蟋蟀。《虫鱼雅集》字数不多，内容除抄录古谱，也不乏自己的心得。此书出版于 1904 年，万礼张之名首见于此，内容相当简略，只有“名曰马蹄盆”一句，评价亦简，只“最为得用”“可用”数字，远不如记赵子玉的文字详细。现存古代蟋蟀文献不到二十部，五部刊刻于明代，其余的出版于清代至民国。若万礼张如传说的为明末人，其名其罐明代蟋蟀谱不记尚可理解，而清代也只有《虫鱼雅集》提及，其他诸谱竟都不见万礼张之名，原因何在还需要进一步研究。比如最晚的李石孙《蟋蟀谱》出版于 1930 年，被后人称为蟋蟀谱的“集大成者”，其“盆考”部分论述甚详，独没有万礼张的只言片语。事实上，后来涉及万礼张的文字或简或繁，大都是在《虫鱼雅集》的这段文字基础上演绎的。总的来看，他主要还是一个传说中的人物，依靠现有文献弄清他的姓氏、生平的可能性很低。至于有人说万礼张叫张和清，为万历至崇祯年间的北京人，更可能是“口述历史”，并无文献根据。尽管如此，由于万礼张盆存世量还有不少，而且都有不同名目的题款，并不影响后人对其所制的品质仍有极高的评价。

器形特征：

一、平底无足的“刀切底”。

二、盖内有款，戳形或方或圆，多为四字，亦有二字者。

三、盖与罐骑缝处有戳记，方圆不一，有字或无字。

四、质地较为疏松，透气性好，宜作养盆。

款识的种类：

一、“万礼张造”

二、“白山”（万礼张盆之最佳者）

三、“秋虫大吉”

四、“永战三秋”

五、“永站三秋”

六、“怡情雅玩”

七、“永远长盛”

八、“春游秋乐”

九、净面（光素无款者）

（孟昭连 撰文）

◎ “秋虫大吉”盆

万礼张九种之“秋虫大吉”盆，直径 13.2 厘米，平底无足，即所谓“刀切底”也。盖内有“秋虫大吉”方戳，两行，行二字。罐盖骑缝有戳记。包浆浓厚，曾被“金针李”李桐华收藏。后到马洪泉先生手中，因我青年时代与北京马树曾先生、马洪泉先生交好，马洪泉先生转赠与我。

◎ “永战三秋”盆

万礼张九种之“永战三秋”盆，直径 12.9 厘米，刀切底。盖内有圆戳，楷书“永战三秋”。罐盖骑缝有印记。包浆甚厚，古气盎然。

◎ “永站三秋”盆

万礼张九种之“永站三秋”盆，直径12.9厘米。盖内与罐底有相同之方戳，内书阳文楷书“永站三秋”四字。“永站”不辞，系制作者为区分品种而制造的噱头。包浆厚实，传世品极少。

◎ “白山”盆

万礼张九种之“白山”盆，直径 12.3 厘米，平底无足的“刀切底”。盖内有双线小长方戳，内书阳文楷书“白山”二字。罐盖骑缝有戳记。包浆厚实，古旧感强，是万礼张九种之最佳者。

◎ “永远长盛”盆

万礼张九种之“永远长盛”盆，直径 12.6 厘米。罐盖内有正方戳，书阴文楷书“永远长盛”四字。平底无足的“刀切底”。盖骑缝有戳记。包浆厚实，传世品极少。

◎"怡情雅玩"盆

万礼张九种之"怡情雅玩"盆，直径 13.7 厘米，粗而矮。盖内有"怡情雅玩"方戳，两行，行两字。平底无足，即"刀切底"。罐盖骑缝有戳记，包浆厚重，其传世品极少。

◎“万礼张造”盆成对 之一

直径13.1厘米。盖内有款，为一长条形戳，内书阳文“万礼张造”四字，竖行。底平无足之“刀切底”。罐盖骑缝亦有长方形戳记，所书模糊不清。器形端庄，包浆厚重。世传万礼张盆多系万礼张后人所制，此盆乃万礼张亲制，极为稀少。所配过笼亦为万礼张所制，方胜纽。左上图为过笼底部的款识，长方形戳内有阳文“万礼章”三字。

底款

◎“万礼张造”盆成对 之二

直径13.1厘米。盖内有款，为一长条形戳，内书阳文“万礼张造”四字，竖行。底平无足之“刀切底”。罐盖骑缝亦有长方形戳记，所书模糊不清。器形端庄，包浆厚重。世传万礼张盆多系万礼张后人所制，此盆乃万礼张亲制，极为稀少。过笼亦为万礼张制，双枣花纽，长方形戳内有阳文“万礼章”三字，与前一过笼字体相同。

◎“春游秋乐”盆

万礼张九种之“春游秋乐”盆，直径13.3厘米。不同于其他几种的“刀切底”，有圈足，底部及盖内有相同的款识，皆长方戳内书阳文楷书“春游秋乐”。盆盖有残，作为万礼张盆中的孤品，仍有研究的价值。

◎“长胜三秋”盆

“长胜三秋”盆成对，径粗稍有差别，一为 12.8 厘米，一为 12.4 厘米。二盆盖内一侧皆有款识，长方形外框内竖行楷书“长胜三秋”四字，字体相同。二盆皆底平无足之“刀切底”，盖罐骑缝有圆形戳记，内书阳文模糊不清，似为不规则之“山人”二字（或说是“兑”字）。此戳兼有锁的功能，上下半圆必须对准，盖才能严丝合缝；否则，盖与罐身有缝隙。此盆原藏北京瓷器专家马书曾先生之手，据称出自某明朝将军墓。此盆做工精细，是现存万礼张盆中年代最早者。据老一辈玩家分析，此盆或是万礼张的前身，万礼张有可能是仿它制作的。

赵子玉

相对于万礼张，文献对赵子玉的记载要多一些，而且感觉清代玩家对赵子玉的蟋蟀罐印象更为深刻。就目前所见文献来看，最早提到赵子玉之名的是晚清笔记《梦窗小牍》。据李放1914年出版的《中国艺术家征略》载：

赵子玉，陶塑艺人。北京人。《梦窗小牍》记其擅澄泥砚器。

此处可能是现有古代文献中第一次出现赵子玉之名，不过只说其擅制澄泥砚，并没提及制作蟋蟀罐之事。至于所引《梦窗小牍》一书，作者及成书的确切年代皆不详，但书的性质倒比较明确，是一部载录历代艺人事迹的笔记，文字较为简略。书的卷三还记载了天津泥人张事迹：

泥人张，天津人，以善塑泥人得名，予尝见其《钟馗嫁妹》一事，人马凡二十余，旌旗铠仗之属称是。钟之威猛，妹之娟秀，群鬼之狰狞奇谲，虽（罗）两峰无以过，洵奇技也，亦善捏小像。

《中国艺术家征略》的作者李放，即《蟋蟀谱》作者李石孙之父，清末著名书画鉴赏研究大家李葆恂次子。既然收录了天津“泥人张”的记载，《梦窗小牍》应该是晚清人的作品，不会太早。也就是说，赵子玉之名出现于古代文献，也是在晚清。

稍后，就是拙园老人《虫鱼雅集》，作者在“汕罐”一节对万礼张叙述甚简，但对赵子玉的叙述非常详细：

后秋用细泥小巧之盆。均须陈旧，且罐底务宜活土底，汕时渗水；死底汪水，无益蟋蟀。盆名色多矣，统曰“赵子玉制”，真者有十三种，曰白泥、紫泥、藕合盆、倭瓜穰、泥金罐、瓜皮绿、鳝鱼青、鳝鱼黄、黑花、淡园、大小恭信、全福永胜、乐在其中，以上十三种。又有太子盆、蝴蝶盆、都人、白山、闲斋、敬斋、净面、深足、直樯、中樯、大瓮儿、糠胎、康熙盆，种种名色，有真者后亦有仿烧者，泥性差多，经师家勿庸看，上手一摸便分真伪。亦如辛家坯烟壶，一理也。

拙园老人是老玩家，自称“余髫龄时，即性喜秋虫文鱼。尝携至塾中，师见而责，不准好此，弗听。一日又潜携入塾，师怒诃之曰：童子不务正业，将嗜此了却终身耶。余竟对之曰：爱虫斗有英雄概，观鱼游生活泼机，二物不为俗。豪士文人皆可好。况功课未误，师何责我不务正业。

幼而无知，其蠢顽如此”。而且终其一生，对蟋蟀的爱好未曾少改，一生积累了相当丰富的养斗经验，所以他的说法尤其值得注意。这段论罐的重点可以总结为：

首先，“赵子玉十三种”的说法，是拙园老人最早提出来的，后人尽管在具体内容上有所改动，但总不脱“十三种”。

其二，十三种包括：白泥、紫泥、藕合盆、倭瓜穰、泥金罐、瓜皮绿、鳝鱼青、鳝鱼黄、黑花、淡园、大小恭信、全福永胜、乐在其中。前八种是根据泥色，后五种是根据纹饰及款识。

其三，与十三种同时存在的名盆，还有太子盆、蝴蝶盆、都人、白山、闲斋、敬斋、净面、深足、直樯、中樯、大瓮儿、糠胎、康熙盆，这些盆的区分多根据署款（前七种及“康熙盆”），也有的根据造型与泥质（其余五种）。

其四，赵子玉十三种及其他诸种，当时有真的，也有假的，但仿制者泥性差，行家用手一摸即可分辨出来。

其五，万礼张盆高大深厚，宜早秋养虫，而赵子玉盆属于“细泥小巧之盆”，宜后秋养虫。

后二年，富察敦崇《燕京岁时记》出版，也有关于赵子玉的文字：

故秋日之蛐蛐罐有永乐官窑、赵子玉、淡园主人、静轩主人、红澄浆、白澄浆之别，佳者数十金一对。冬月之聒聒儿壶卢、油壶卢，佳者亦数十金一对，以紫润坚厚者为上，即所谓壶卢器者是也。

这里只提赵子玉却不提万礼张，是此时万礼张的名声不如赵子玉，还是完全没有名声？不得而知。拙园老人与富察敦崇同为旗人，年龄相仿，一提万礼张，一完全没着墨，应该是二人见闻不同。与终身雅好虫鱼的拙园老人比起来，富察敦崇是一个更为纯粹的官场文人，所以不知道万礼张可以理解。《燕京岁时记》这里据说的“永乐官窑”当然就是指永乐蟋蟀盆，不但首次明确了永乐盆的存在，而且名列赵子玉之前。稍早拙园老人《虫鱼雅集》已提到彩山窑：“又有彩山窑及各色苏盆，皆不可用也。”虽没直接提永乐盆，可能包括在“各色苏盆”之中了。既有“永乐官窑”之名，可证李石孙《蟋蟀谱》添加的永乐盆图，是有根据的。

再后，1926年出版的近人邓之诚《骨董琐记》“蛐蛐罐”有记：

石虎胡同蒙藏学校，上年掘土种花，得蛐蛐罐极多。有姑苏彩山窑常德盛制者十一，永乐制也。淡园主人制，外青内紫者一，秋雨梧桐夜读轩制者三十四，康熙制也。赵子玉制，署恭信主人之盆凡四，署西明公凡一，署古燕赵子玉制或造者凡六十，书制者较精美。又敬斋主人之盆一，彩胜主人之盆二，韵亭主人之盆一，寄敬堂制一，清溪主人、珍香外史各一。相传校为吴三桂旧邸，即周延儒宅，为京师四大凶宅之一，居者率不安。此不知何人埋葬。闻故老言，道光时长安贵人斗虫之风极盛，今淡园等制，流传尚夥。且有识虫名者，予数见之，信皆佳制，但不古朴耳。大抵其时新制，特窖藏之，为去火气，使不伤虫。

首先注意到，像《燕京岁时记》一样，《骨董琐记》这里也没提万礼张，只提赵子玉。也许这说明不了什么，因为这里记的只是石虎胡同蒙藏学校出土的蟋蟀罐，也许当年的收藏者没有收藏万礼张的东西。更值得注意的是，这段记载提供了不少可供思考的信息，也许可以帮助我们对某些似成定论的东西产生新的认识。

其一，上面两则资料一提“彩山窑”，一提“永乐官窑”，《骨董琐记》把二者连在一起，使我们知道彩山窑就是永乐官窑，而且地点在苏州。这次出土的永乐盆数量不少，有十一具，制者也很清楚，是苏州彩山窑的常德盛。

其二，淡园主人盆一具，按照现在玩家的认识，应属赵子玉系列的，即所谓“特制八种”之一，但邓之诚先生列于赵子玉之外，并与三十四具署秋雨梧桐夜读轩盆，同归康熙年间的制品。“康熙制”不会是作者的推测，罐上一定有“康熙年制”的款识。

其三，赵子玉盆最多，共六十五具。其中有署“恭信主人之盆”的，有署“西明公”的，更多的署“古燕赵子玉制”或“古燕赵子玉造”。书“制”者比书“造”者更精美，这与今人认为书“造”者为真品，书“制”者为仿品的结论正相反。

其四，其他还有几种署款，其中“敬斋主人之盆”与“韵亭主人之盆”今人视为均属“特制八种”，但也被邓之诚排除在赵子玉之外。

其五，“特制八种”或“定制八种”的说法，是民国年间蟋蟀玩家附会出来的，就是把拙园老人《虫鱼雅集》及邓之诚《骨董琐记》排除在赵子玉之外的其他名罐，如“淡园主人盆”“敬斋主人之盆”“韵亭主人之盆”等，凑够八种，附丽于赵子玉名下，以抬高身价。

万礼张、赵子玉的名声暴涨，是在民国时期。如《北平岁时征》：

北京人家，养蟋蟀者，不尚瓷盆；此虫乃土中所产，瓷盆无土气，甚不相宜，故必用澄泥者。士大夫好养蟋蟀者，多争购赵子玉之澄泥罐，罐以厚为佳，以其寒热之气，皆能隔之；又有大而扁者曰排盆，排演时用之。

再如周肇祥《琉璃厂杂记》：

龚怀西借阅藏印拓本，新吾、文通其好古，偕往访之。得睹所藏旧蟋蟀盘，形如车轮，扁而皤腹者色灰，而雕嵌牙黄色人物六，盖人物一，形态奇诡，如宋元杂剧，明以前物也。又有大明宣德年制者二具，形如前而字在腹里，雕嵌黑色人物、台阁、奇兽，甚精细，而奇古不逮也。黄澄泥盘二，形如笔尊，中径二寸余，盖作卍花，里面有阴文“宣德年制”字。康熙年制则有王亮公，又有署款“瓦中玉”“土晶盘”等字者，不知何时物。而赵子玉一具，则雕螭龙、番花，外里黄缎绣龙之衣，当出南方也。

如金受申先生《老北京的生活》：

蛐蛐罐也和古玩一样地讲求。以赵子玉所制澄浆细罐为最佳。罐高约五六寸，直径四五寸，盆厚半寸，坚厚异常。赵子玉所做的很多，伪做的也不少。此外，还有“淡园”造的养盆和“排子盆”，细润如汉瓦魏砖，隐起水痕，我在英相国家见过两桌。还有“万礼张”造的细盆也是很好的。这些名品蛐蛐罐，最远的有二百年历史，后来仿造的，也各标这几种印痕，品质亦佳。

这几则资料都是作者自己的亲身经历，想来真实性是绝无问题的。文人的记述鼓吹与市场价格的相互作用，使万礼张、赵子玉之名更为显赫，这种趋势一直延续到现在。

已故王世襄先生根据相关文献结合民间传说，总结出赵子玉蟋蟀罐品种的几种说法。

“赵子玉十三种”第一说（李桐华说）：

一、“古燕赵子玉造”（末一字为“制”而非“造”，皆伪。都人子玉则真者末一字为“制”而非“造”）。二、“淡园主人”。三、“都人赵子玉制”。四、“恭信主人盆”（大恭信）。五、“恭信主人之盆”（小恭信）。六、“敬斋主人之盆”（大敬斋）二号盆。七、“敬斋主人之盆”（小敬斋）三号盆。八、“韵亭主人盆”。九、“闲斋清玩”。一〇、“大清康熙年制”。一一、“乐在其中”。一二、“全福永胜”。一三、“净面赵子玉”（光素无款识）。

“赵子玉十三种”第二说（黄振风说）：

一、瓜皮绿。二、豆瓣绿。三、倭瓜瓤其色易与鳝鱼黄混淆。分别在倭瓜瓤盖面平坦，而鳝鱼黄盖面微微隆起，亦曰“馒头顶”。四、桃花冻其色红于藕合盆。五、鳝鱼青。六、鳝鱼黄。七、黑花。八、白泥。九、藕合盆，其色接近浅紫，十三种中唯此底足有退线。一〇、泥金盆，罐上有大金星及金片，如洒金笺纸。一一、净面。一二、都人赵子玉制，盖与足底款识相同，凡末字作“造”而非“制”者皆伪。一三、深足子玉罐底陷入足内较深。

特制八种：

一、“全福永胜”，盖背面横长圆外框，名“枕头戳”四字自右而左平列。足内长方形外框“古燕赵子玉造”，两行，行三字。

二、“永战三秋” ，四瓣柿蒂式外框，每瓣一字，“永”在上，“战”在右，“三”在左，“秋”在下。

三、“淡园主人”，方形外框，两行，行二字。

四、“韵亭主人盆赵子玉制”，大方形外框，三行，行三字。

五、“敬斋主人之盆”，窄长方形外框，天津称之曰“韭菜扁戳”，行六字。

六、“闲斋清玩”，方形外框，两行，行两字。

七、“恭信主人盆赵子玉制”，大方形外框，三行，行三字，此为“大恭信”。“恭信主人之盆”，窄长方形外框，一行六字，此为“小恭信”，大小恭信以一种计。

八、“乐在其中”，盖背面长方形外框，两行，行二字。底足内“都人赵子玉制”，长方形外框，两行，行三字。瓷罐比以上七种更名贵，故称“第一流”。

（孟昭连 撰文）

◎“豆瓣绿深足子玉”盆

赵子玉十三种之“古燕赵子玉造”成对，此盆又称“豆瓣绿深足子玉”，真品也称为“真子玉”。直径均为 12.6 厘米。盖内有款，长方形外框内书阳文楷书“古燕赵子玉造”，分两行，行三字。罐底深陷，圈足较高。其突出特点是澄泥极细，表面润滑，抚之如处子肌肤；包浆亮丽，隐约闪烁着绸缎之光。器形棱角挺拔，制作精细，盖腔相扣，严丝合缝。行家无须过目，以手指抚摸已知其真伪。形状窝头盖，马蹄形，此两只盆子产于康乾时期。

◎"藕合泥子玉"盆

赵子玉十三种之"古燕赵子玉造"盆，亦称"藕合泥子玉"。直径12.1厘米。盖内罐底皆有款，长方形外框，两行，行三字。特点是澄泥极细，表面润滑如处子肌肤，包浆亮，仿佛呈绸缎之光，棱角挺拔，制作精细，盖腔相扣，严丝合缝，行家无须过目，手指抚摸已知真伪。

◎“藕合泥净面”盆

赵子玉十三种之“藕合泥净面”盆，直径 12.7 厘米。一组三具，为赵子玉真品。全器光素无款识，以极细澄泥制成，包浆光彩明亮，手感细腻。

◎“都人赵子玉制”盆

直径 10.3 厘米。此盆盖和底足内都打“都人赵子玉制”长方形外框两行，行三字，此罐为赵子玉十三种最珍贵的一种，它和特制八种的区别在于特制八种盖打的是“乐在其中”，底足打的是“都人赵子玉制”，而十三种盖和底足全打“都人赵子玉制”。此盆为五号罐，超出常规，遂成珍品。此盆为藕合泥，泥极细，包浆亮，仿佛呈绸缎之光，棱角挺拔，制作精细，盖腔相扣，严丝合缝，保存完整，如同新的一般。王世襄先生书中说，可能为王府公主或内眷定制，此盆传说为“文化大革命”后期，戏曲名家金绍山后代卖出，提盒里共四个，卖到天津。传为慈禧赏予金绍山所有，后来弄坏了三个，还剩一个。此盆在全国是唯一一只完整的“都人子玉”。

◎“乐在其中”盆

直径 7.9 厘米。盖背面横长圆外框，一名“枕头戳”，四字自左而右平列，足底内戳记与盖相同。为 4 号罐，泥极细，为藕合泥，做工精细，为赵子玉所制。根据王世襄先生书中论述，可能为王府公主或内眷定制。

◎“闲斋清玩”盆

直径 11.5 厘米。“闲斋清玩”盆一对两只，为方形外框，两行，行二字。此盆为赵子玉特制八种之一的真品，特别稀少，极其珍贵，行里至今没有发现一只完整的。此盆为 3 号罐。

◎ 赵子玉仿万礼张盆

直径12.5厘米。盖内有长条形戳，内书阳文“万礼张造”四字，一行，行四字，字体端庄秀丽，系极规整之台阁体。底平无足之“刀切底”。藕合泥，泥质极细腻。应属今万礼张中的绝品。此盆是马洪泉先生所送，据马先生讲此盆为出土之物。

◎“敬斋主人之盆”

赵子玉特制八种之“敬斋主人之盆”，两只成对。直径为12.7厘米。盖内皆有款，长方形外框甚窄，天津俗称“韭菜扁戳”，故只能书一行六字“敬斋主人之盆”。泥极细，为藕合泥，表面润滑，包浆亮，仿佛呈绸缎之光，棱角挺拔，制作精细，盖腔相扣，严丝合缝。此盆保存特别好，如同新的一般。足底外缘做出凹入之委角线，名曰“退缘”，特制八种中还有“乐在其中”有退缘，其余六种都没有。

◎“淡园主人”盆

赵子玉特制八种之“淡园主人”盆，此盆为三号罐，直径12.6厘米。深足，马蹄，澄泥极细，为藕合泥，表面润滑如处子肌肤。包浆亮，仿佛呈绸缎之光。棱角挺拔，制作精细，盖腔相扣，严丝合缝，形状窝头盖，马蹄形。其搭配的过笼，为真子玉过笼。

底款

盖款

◎“恭信主人”盆

赵子玉特制八种之“恭信主人”盆，一对，直径13厘米。大方形外框，三行，行三字，此为“大恭信”。此盆泥极细，为藕合泥，表面润滑如处子肌肤，包浆亮，仿佛呈绸缎之光。棱角挺拔，制作精细，盖腔相扣，严丝合缝，形状窝头盖，小马蹄。此盆保存特别好，如同新的一般。

盖款

底款

恭信主人盆趙子玉製
恭信主人盆趙子玉製

◎“敬斋主人之盆”

直径13厘米。黄泥，窝头盖，马蹄形，深足，泥极细。盖内与罐底皆有一窄长方形外框，天津称为“韭菜扁戳”，一行六字，内书阳文楷书“敬斋主人之盆”。此盆是藕合泥特制八种敬斋的前身，另外在《收藏》总第57期37页中写道：清宫中还藏有一批清早期的蟋蟀罐，罐为澄泥陶制，质地细腻、滑润，古朴雅致，有“古燕赵子玉造”“敬斋主人盆”或“卷石山房”等。由此可知，此盆应为宫中之盆。

◎“卷石山房”盆

直径 14.1 厘米。“卷石山房”俗称“令字卷石山房”，大方形戳，两行，行两字。此盆为大高桶子，烧制时，外面窑变成墨绿色，里面白泥。足底双环套月，满包浆，为手工制作，竹片子刮制。此盆为蛐蛐罐中极品，当年天津蟋蟀协会在水上公园碧波庄展览的最好一只罐子。我很多年前在王金祥（天津玩罐名家）处看到过一本拍卖杂志，中有一个三号“令字卷石山房”，被拍卖公司定为宫中的盆子，20 世纪 80 年代初拍出了17万元港币。另外在《收藏》总第 57 期 37 页中写道：清宫中还藏有一批清早期的蟋蟀罐，罐为澄泥陶制，质地细腻、滑润，古朴雅致，有“古燕赵子玉造”“敬斋主人盆”或“卷石山房”等。此盆为清三代宫中之物。

其他老罐

◎“卷石山房”盆

俗称“令字卷石山房”，方形戳，两行，行两字。与前一具款识相同，方形戳内书“卷石山房”四字。此盆为三号白泥，泥极细，满包浆皮，用手抚摸像绸缎一样光滑。盖上足底为螺旋泥，手工制作。此盆为蛐蛐罐中极品。我很多年前在王金祥处看到过一本拍卖杂志，有一个三号“令字卷石山房”，和此盆基本相同，拍卖定为宫中的盆子，20 世纪 80 年代初拍了 17 万元港币。另外在《收藏》总第 57 期 37 页中写道：清宫中还藏有一批清早期的蟋蟀罐，罐为澄泥陶制，质地细腻、滑润，古朴雅致，有“古燕赵子玉造”“敬斋主人盆”或“卷石山房”等，此为三号盆，直径略小于前一具，为 12 厘米。根据有关专家的论述与鉴定，此盆为清三代宫中之物。

◎“吟香草堂”盆

直径 13.2 厘米。“吟香草堂嘉庆乙卯年制”为两个戳记，上面一个圆戳，“吟”在上，“香”在下，“草”在右，“堂”在左；下面一个方戳，三行，行两字，“嘉庆乙卯年制”。此盆为嘉庆年间所制。古老熟旧，高桶子，深足，相当珍贵、稀少，在全国至今尚未发现第二只完整盆。20 世纪 80 年代天津沈阳道发现一个没盖的腔子，卖了八十块钱，当年史老启制作的盆才卖两块一个，现在史老启做的盆应该在两万元左右一个，可想而知，此完整的“吟香草堂”价值无法估量。

◎“康熙甲子敬信主人”盆

直径 14.3 厘米。款为长方戳，内书两行，行三字。此盆为大号亮浅形状，灰色泥，据老一辈玩罐行家讲，为康熙年间之物。此盆完整的存世稀少，王世襄先生收藏过一只小号且不完整的同款，拍卖了四十多万元，可见此盆价值之高。

◎“令公之盆”

“令公之盆”，直径 14.5 厘米，为大一号盆。盖内与盆底有方形戳，书“令公之盆”四字，两行，行二字。窝头盖，马蹄形，黄绿泥，满包浆。此盆俗称“泥令公”，行里没发现第二只，故极其珍贵。此盆当年为北京瓷器专家马树曾先生所送，据马先生所说，此盆出土于北京“方庄”。

盖款

底款

◎“竹庐居士朱万甫制”盆

直径 12.7 厘米。盖内与盆底有长方形外框，内书“竹庐居士朱万甫制”，分两行，行四字。黄绿泥，糠胎，满包浆，保存完整。此盆老一辈名家认为是朱万甫制于明末清初，极其珍贵和稀少，完整之盆更罕见。赵子佩老先生的蛐蛐罐谱认为朱万甫二号黄泥糠胎为最真佳品，清末民国初有仿者，如史老启等，但与此等真品不能相提并论。

◎“朔亭主人之盆”

直径 13.2 厘米。款为大方戳，书两行，行三字，字体规整清晰。此盆高桶子，直腔，灰白泥挂喜鹊花，足底双环套月，包浆亮丽，泥细，产于道光年间。此盆天津有两只，另一只在四羽毛厂长冯学第处，“朔亭戳”上多打一个“道光壬寅”的横条戳，膛里打一个竖条戳“道光壬寅”，足底“朔亭”戳上一横条戳“道光壬寅”，共五个戳记。另有史老启仿造者，在老启制作的盆中也算最佳者。

◎“西明公记”盆

直径 13 厘米。盖内及盆底有小方戳，书两行，行两字，俗称“小戳西明公”，为四小戳（西明公、康熙、淡园、恭信）之首。此盆相当完整，白绿泥极细，满包浆皮，满身卷纹，手工制作，做工精细，古老熟旧。此盆在老前辈眼中为罐子中极品，除此盆之外，还没有发现过如此完整的盆，极其稀少名贵。

◎“西明公记”盆

直径 12.8 厘米。盖内有中形方戳，书“西明公记”四字。此盆外面黄色，里面是倭瓜瓤，色彩艳丽，为清中期所制。

盖款

◎“淡园主人”盆

直径 13 厘米，为大二号。盖内有方戳，两行，行两字，盆底相同。此盆为茂亭淡园漏戳，足帮少“茂亭”二字，系当时制作时遗漏。包浆特厚，相当完美，盖上和足底全是螺旋泥，应是赵子玉定制八种“淡园”之前身，为道光之前所制。老一辈盆家认为，比两只藕合泥特制八种“淡园”还要珍贵。

◎ “好古主人”盆

直径 12.8 厘米。此盆盖内与盆底有窄长方形外框，天津俗称“韭菜扁戳”，一行五字，书“好古主人盆”。此盆盖是双环套月，上有五爪龙图案，在清代是皇帝用品的标志，可知此器为康熙年间御用品，存世稀少，完整者几乎没有。

好古主人盆
好古主人盆

◎“古香雅玩”盆

直径12.6厘米。盖内与罐底有大料瓣戳，盖是双环套月，上有四爪龙图案，当为康熙年官器，在清代为王爷所用之物，特别稀少，完整的几乎没有。

◎“道光壬寅含芳园制”盆

直径 13 厘米。此盆为道光含芳园三窑（壬寅、癸卯、甲辰）之首，色泽好，形状好，包浆亮，泥细，为盆子中极品。当年在大崔（崔树君，老一辈玩家）处，被老一辈玩家一致认为和“令字卷石山房”“小戳西明公记”为天津市最好的盆子。

盖款

◎“道光癸卯年含芳园制”盆

直径 12.7 厘米，为道光癸卯年所制。道光含芳园共三种（三年），泥质不同，分别为壬寅（黄泥）、癸卯（灰白泥）、甲辰（黑灰泥）。

盖款

◎“道光甲辰含芳园制”盆

直径 12.8 厘米。此盆为道光含芳园三种（三年）之一，器形好，色泽好，包浆亮，泥细，为盆子中极品。

底款

◎“淡园主人”盆

直径 12.4 厘米。清早期，方戳，两行，行两字，另在足底帮打一小戳，内书“茂亭”两字，俗称“茂亭淡园”。此盆白泥挂黄花，泥质极细，保存完整，为茂亭三窑（淡园、子玉、恭信）之一，相当稀有。

边款

底款

◎“古燕赵子玉制”盆

直径13.4厘米。窝头盖，马蹄形。足底双环套月，足底帮有一“茂亭”小戳。此盆白泥挂黄花，泥细润如玉。此盆俗称“茂亭子玉”，器形相当美观，保存完整，堪称罐中极品。在老一辈玩罐名家眼里，价值胜过两个真子玉。此盆相当稀少，至今行里没发现一个如此完整的“茂亭子玉”，为茂亭三窑之一。

◎“恭信主人盆赵子玉制”盆

直径 12.8 厘米。盖内与罐底有款，大方形戳，三行，行三字。此盆膛内打茂亭戳，称为“茂亭恭信”，存世稀少，为茂亭三窑之一。

◎“小戳恭信”盆

为四小戳之一，因戳字模糊，也称“虾米戳”恭信，直径13厘米。盖内与罐底方戳甚小，书“恭信主人盆赵子玉制”九字。此盆相当完整，白绿泥，泥质极细，满包浆皮，满身卷纹，手工制作，做工精细，古老熟旧。

盖款

◎“古燕赵子玉记”盆

直径13厘米。款识为大长方戳，书“古燕赵子玉记”，两行，行三字。因长方戳大小如牛骨制成的牌九，故俗称“骨牌子玉”。观此盆古老陈旧，泥接近化石，分量很重，经老前辈鉴定，应与真子玉年代相同。

底款

◎“恭信主人盆赵子玉制”盆

直径 15.5 厘米。盖内及罐底有中形方戳，三行，行三字。此盆足底双环套月，器形甚大，是坐盆，也叫压桌盆。为清中早期制品。

底款

◎“古燕赵子玉制”盆

直径15.3厘米。大长方形外框，篆书“古燕赵子玉制”六字，俗称“篆字骨牌”。形状为大亮浅，盖上足底双环套月，黑花灰泥，为清早期制。此盆极少，是压桌盆。

盖款

◎“存厚堂记”盆

清中期一号大盆，直径14.8厘米。盖内与罐底皆有方戳，两行，行两字；方戳左右又有两长方戳，“利字号”和“第十二盆”，黄泥极细，成套完整的极少。

盖款

◎“道光年自制万清主人”盆

小号直径 11.3 厘米。书卷戳，两行，行五字，绿白泥，泥极细，为道光本年制。

盖款

◎“含芳园制”盆

直径12厘米。盖内与罐底有方戳，书两行，行两字。此盆为瓜皮绿色，包浆亮，像瓷器一样有小开片。王世襄先生在其书中谓“道光时‘含芳园制’盆乃其佼佼者，用泥之细不亚于子玉，款式亦朴雅可喜”。全器完美无缺。

底款

◎“朝岩主人”盆

直径 12.3 厘米。盖与底有方形戳，篆书“朝岩主人”，分两行，行两字。此盆为灰白泥，包浆亮，大三号。据此盆形状做工及泥色，应是道光年造，存世特别稀少。

盖款

◎“古燕赵子玉制”盆

器形较大，为一号盆，直径14厘米。高桶直腔，盖内与罐底有条形戳，一行六字，天津俗称“韭菜扁戳”。此盆浆皮厚，为清中晚期老连子，系连辅鸣所造，存量甚少。

◎“乐在其中”盆

直径 12.6 厘米。盖内款为方形外框，书“乐在其中”，两行，行两字。此盆为绿泥，窝头盖，小马蹄，半深足。此盆存世量稀少，为清中期制品。

盖款

◎“令公之盆”

瓦盆，直径 13.3 厘米。盖内有方戳，书“令公之盆”，两行，行两字。此盆古老熟旧，完全手工制造，产于清早期，原为天津收藏家二马所藏，也是唯一存世的完整瓦令公。

盖款

◎“土城尚记”盆

直径13.5厘米。盖外有大方戳，书“土城尚记”，分两行，行两字。瓦盆，古老熟旧，完全手工制造，清中早期制作。此盆是苏老师（苏洪理）所藏，后由何宝光（已故老前辈）匀于我。

盖款

◎“瓦凉”盆

直径13.2厘米。盖上有长方戳，一行，行三字。瓦盆，状如高桶子，压腰。此盆古老熟旧，完全手工制作，产于清中晚期，原藏名家苏洪里之手，后由何宝光（已故老前辈）匀给我。

盖款

◎ 黑花大瓦盆

直径 13.5 厘米。器形高大挺拔，烧制时外面全是黑花，完全手工制作，制作于清中期。

◎高桶子压腰瓦盆子

直径 13.2 厘米。器形高大粗壮，高桶子压腰，包浆比澄泥盆子还要厚亮，完全手工制作，产于清中期。

◎“大明宣德年制”盆

顶天立地戳，一行，行六字。清代仿，灰白泥，器形完整。

盖款

◎“自娱斋”盆

直径 13 厘米。盖与底有长方戳，横书“自娱斋”，下面竖书“第十二号”。此盆外面黑色，里面黄色，传为修大沽炮台的海张武自己定制的盆子，制作年代为清中晚期。

底款

◎“连辅鸣雅制”盆

直径 13.4 厘米。长条子戳，为老连子所制，产于同治年左右。此盆为高桶子白泥，浆皮厚亮，品相极好。

◎“连辅鸣雅制”盆

直径14.4厘米。老连子所制，产于同治年左右。此盆亮浅形状，盖与足底为双环套月，满浆皮，泥细，做工非常完美。

底款

◎“康熙年制”盆

大二号，直径 13.7 厘米。此盆为灰白泥带喜鹊花，器身外面饰梅花与如意纹，俗称“花康熙”。盖内方戳书阳文“康熙年制”，两行，行两字。为民国时期仿古高手大关所制。

盖款

◎“赵子玉造”盆

直径 13.4 厘米。盖、底有大方形戳，两行，行两字，俗称“豆腐干子玉”。此盆造型古朴陈旧，外面黄绿色，里面桃红冻。清晚期所造。

◎“大清乾隆年制”盆

大二号直桶子，直径 14 厘米，灰泥。盖、底有大方形戳，书两行，行两字。足底帮上另有小长戳，书“祖传专办宫盆李焕记图”。此小长方戳若打在大方戳旁边而非足底帮上，则为史老启所造，形状也不一样，一般是馒头顶，棱角不挺拔。此盆棱角特别挺拔，盖上是平的，为李焕记所造真品。史载，李焕记、李秀芳、李东明等皆为清道光年间人。凡款识书“大清”者必是官器，加上足底小戳，足证此器为宫盆。

◎“三希堂制”盆

为二号灰泥，直径13.8厘米。盖底款识为方形外框，内书“三希堂制”，两行，行两字。此盆为民国年间史老启精品，存世稀少。

盖款

◎“康熙年弘传主人珍藏王亮公制”盆

大二号，直径14.6厘米。盖、底均有长条形戳，字分两行，一行七字，别行六字。此盆为黄泥，包浆厚，壁厚，系民国期间史老启精品。

盖款

◎“卷石山房”盆

大二号白泥，直径 14 厘米。盖与底有方戳，字分两行，行两字。此盆盖上馒头顶，盖和腔子泥特厚，泥细，包浆厚，乃民国年间老启所造。

盖款

◎“大清乾隆年制”盆

大方形戳，两行，行两字，足底打一小方长戳，书“祖传专办宫盆李焕记图”，两行，行五字。这个小长方戳若位于大方戳旁而非足底上，就是民国年间老启所造。

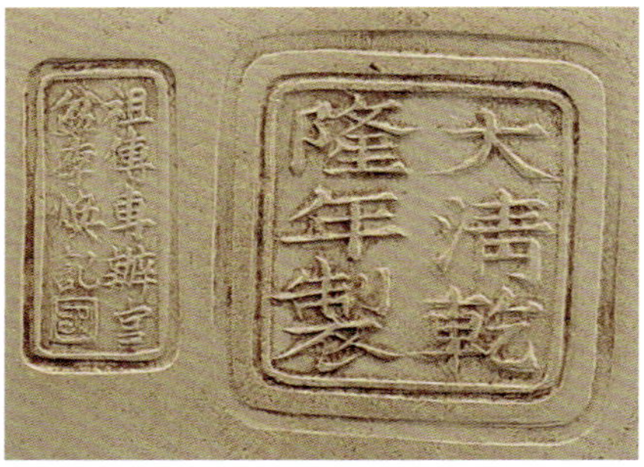

盖款

◎“清浆方罐”盆

五号罐，直径 9.8 厘米。盖与底有小方戳，分两行，行两字。黄泥，盖上双环套月。

底款

◎“德利堂制”盆

此盆原为一套四具，图案分别为梅花、兰草、竹子、菊花四种。现有梅花、兰草、竹子三只盆，缺菊花盆。清末所制。

配　罐

◎“牛头樽”瓷配罐成对

此对配罐烧制之初可能是一种案头摆件，后来配上点铜盖充作配罐使用。釉色属乾隆茶叶沫，是乾隆官窑。在天津老一辈玩家眼里视为至宝，由河西区老玩家张玉山匀给我。

◎“五蝠捧寿”泥配罐一对

直径7.7厘米。此对配罐，盖正反两面均为五蝠捧寿图案，乃以錾刻工艺制成。工艺非常精细，古老熟旧。产于清早期，此盆特别稀少，早年由苏老师（苏洪礼）匀给我。

◎“鳝鱼青”配罐

左为“鳝鱼青”之一，此罐是秤杆形（人名），在天津老一辈玩家手里特别珍贵。颜色为鳝鱼青，形状为鱼篓式，点铜盖上打了三个戳记——“闽粤会馆”“永福成号”“点铜”。右为“鳝鱼青”之二，此罐颜色为深色鳝鱼青，鱼篓形，点铜盖上打两个戳记，一为“津永合号造”，另一为“点铜”，錾刻工艺更精。

◎“三尾罐”配罐

“三尾罐”一对，高腔，五号罐，直径为8.2厘米。盖与底均有长条戳，书“三尾罐”，一行，行三字。“三尾”是指雌性蟋蟀，故此罐可能是专门养雌蟋蟀用的，以备不时之需。此罐特别稀少，产于清晚期。

◎“小叫罐”配罐

“小叫罐”一对，黑色，细高身，直径 5.2 厘米，高 7.5 厘米。上盖配胡椒眼玳瑁蒙心，罐底有叶形戳记，内书“赵子玉”三字。既可充当配罐，亦可用来听叫，约制于清晚期。

底款

◎“鳝鱼黄”配罐

“鳝鱼黄”是指罐的釉色。罐有双耳，比较少见。盖应该是后配的，錾有“点铜”“道口广兴”二戳，可知此盖出自河南安阳道口镇。除全国闻名的烧鸡外，道口的锡器近代以来也声名远播。“点铜”就是指的锡器工艺，“广兴”是商号。此罐原为名家苏老师（苏洪礼）于20世纪80年代末以800元的高价购买，当时能买两个史老启盆子，后转至我手中，因为我特别喜欢，又与苏老师交好，所以苏老师匀给了我。

盖款

◎“麻酱黄”配罐

此配罐是老益州罐，点铜盖，颜色为麻酱黄。

◎ 粉彩瓷叫罐

盖上有五透气孔，并绘四只燕子，似在孔间穿梭。器身饰海水燕子图案，汹涌的海水浪花飞溅，几只燕子在上空飞舞。此图案在晚清瓷器中多有运用，常见于壶、盘、罐、盖碗等。足底红色方形戳记，内书“光绪年制”。

过　　笼

畜养蟋蟀的器具，除养罐最重要，过笼也是经常要用、不可或缺的重要配件。过笼产生很早，如前所述，早在宋代就已经出现了，很可能是与陶质的罐同时产生的。因为养蟋蟀每天要喂食、沐浴，还要配雌，在挪动蟋蟀的时候，不可以手擒拿，这时都要用到过笼。“过笼”的得名，应该有两个原因。一是将蟋蟀从一个罐挪到另一个罐中，蟋蟀喜暗，所以打开罐盖，蟋蟀见亮就会钻入过笼中，这时以拇指与中指堵住过笼的两头，将蟋蟀移到另外的地方。另外，过笼还有一个重要作用，即用作蟋蟀的“洞房”，使雄雌相配，以提高雄虫的斗性。雄雌交配，蟋蟀玩家俗称“过铃”，古谱上或称“过蛋”，既是“过铃”“过蛋”之笼，由此称之为“过笼”亦颇合理。故北京又称“过笼”为“串儿”，就是指蟋蟀可以经过笼的两孔串来串去，与三尾交配。王世襄先生说名贵的过笼像罐一样，也分万礼张和赵子玉两个系列。但在天津，最高级的是“巴狗窑”，其次是“蛤蟆窑”，还有“樱桃窑”，以及赵子玉“五蝠捧寿”和“鹦鹉寿桃拉花”等各种花笼。

出土明代青花瓷过笼

◎“大号黑巴狗”过笼

大一号，全身黑色，泥特别细。盖上干枝梅花环绕，中间高耸着一只大巴狗。底部有一叶形戳记，俗称“暗叶”，内书“赵子玉”三字。此过笼 20 世纪 90 年代购自故去的蛐蛐罐名家大崔之手，存世极少，完整的几乎没有，我见过三只，完整的只有这一只。

底款

◎“白巴狗”过笼

二号，白泥，外墙书卷图案上书“三秋胜会恒斋监造”，底部有“赵子玉”叶形戳。盖上立一巴狗，周围有梅花环绕。此过笼是同类中的极品，相当珍贵，至今行里尚未发现第二只。我从四羽毛厂厂长冯学第处购得。

底款

◎“红巴狗”过笼

二号，红泥，立墙外书卷图案上书“三秋胜会恒斋监造”八字，底部有暗叶戳记，内书“赵子玉”三字。盖上雕大巴狗，周围梅花环绕。此过笼属极品，相当珍贵，至今行内还未发现第二只。

底款

◎“红蛤蟆荷叶”过笼

大二号，红泥极细。盖上雕一蛤蟆端踞于荷叶上，盖背面有“赵子玉”暗叶戳（蛤蟆窑戳）。此过笼存世特别稀少。

盖款

◎“蛤蟆荷叶带兰草”过笼

大二号，黄泥带黑花。盖上雕一蛤蟆伏于荷叶上，立墙外绘兰草，旁书“春自深谷出”五字。盖背面打蛤蟆窑戳记长把暗叶“赵子玉”。此过笼相当稀少，格外珍贵。

盖款

◎“白蛤蟆荷叶”过笼

大二号，白泥极细。盖上荷叶图案，其上塑一只蛤蟆做笼纽。盖内打蛤蟆窑戳记，方戳内书“永振东”三字。此过笼存世稀少。

盖款

◎“梅花提篮针刺鱼”过笼

二号，蛤蟆窑，白泥极细。盖上有一提篮连接两朵梅花，俗称“梅花提篮”，盖下打蛤蟆窑方戳，内书“永振东”。立墙外以针画金鱼水草，俗称“梅花提篮针画鱼”。此过笼特别稀少，相当珍贵。

盖款

◎“水波浪”过笼

大二号，白泥极细。盖上有水波纹，中间有一扁把，盖背面打蛤蟆窑戳记长把暗叶“赵子玉”。此过笼特别稀少，属一级过笼。

盖款

◎“大料瓣拉骆驼”过笼

二号，黄泥极细。盖纽为双枣花，俗称“大料瓣”，背面打蛤蟆窑戳记，长把暗叶上书“振东”二字。立墙外绘一人手牵三只骆驼，正在途中。构图新奇，手法简洁，存世稀少。

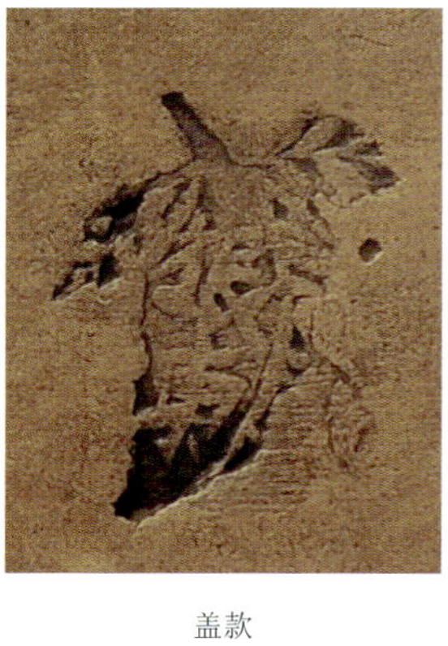

盖款

◎“大料瓣拉骆驼”过笼

二号，灰白泥极细，盖上有双枣花，俗称“大料瓣”。背面打蛤蟆窑戳记，方戳内有阴文“永振东”。立墙外有一人拉三匹骆驼，前一后二，俗称“拉骆驼”。此过笼存世稀少，相当珍贵。

盖款

◎“扁把带书卷”过笼

灰白泥极细，盖上纽是手扁，背面打蛤蟆窑戳记长把暗叶“赵子玉”，立墙外书卷上书“三秋胜会恒斋监造”。

盖款

◎“扁把带卷书”过笼

一组三具。此过笼颜色黑白相间，相当漂亮。图案为喜鹊花，盖纽是手扁，背面有蛤蟆窑方戳“永振东”，立墙外带书卷“三秋胜会恒斋监造”。

◎“寸方针画鱼”过笼

成对，三号寸方，白泥极细。盖纽为单枣花，背面均打蛤蟆窑方戳“永振东”款。立墙外以针画水草金鱼各一，左右相对，趣味横生，尤其难得，系蛤蟆窑中的精品。

◎“大料瓣针画鱼”过笼

二号，白泥极细。盖上双枣花，俗称“大料瓣”。盖的下面打蛤蟆窑戳记，内书篆书“永振东”。立墙外针画摇尾金鱼一，此过笼属蛤蟆窑中的上品。

◎“扁把寸方带兰草”过笼

三号，白泥极细。盖纽为小扁，背面打蛤蟆窑戳记长把暗叶“振东”，立墙外有兰草图案，俗称“蛤蟆窑扁把带兰草”。

◎“红桃万钱”过笼

两只一对，此过笼为二号红泥，盖上万钱上有一桃，俗称“桃万钱”，背面打蛤蟆窑戳记，方戳 “永振东”。

◎“双桃万钱”过笼

二号白泥。盖上满布金钱纹，其上塑双桃孪生，一大一小。盖下有蛤蟆窑长把暗叶戳记，内书“赵子玉”三字，字体朴拙。

盖款

◎“蛤蟆窑扁把白泥”过笼

成对，二号白泥。盖上光素无纹，塑扁把，盖下打蛤蟆窑长把暗叶戳记，内书阳文“赵子玉”三字。

◎“方印蟹”过笼

二号黑白泥，盖纽为方印形，上书“森鹿”二字。盖纽左右各有一只螃蟹，似在争夺方印，俗称“方印蟹”。此过笼特别稀少。

◎“赵子玉五蝠捧寿拉花”过笼

一对两只，为赵子玉所制，纽为高起的圆“寿”字，四周五蝠围绕，寓意福寿双全。立墙有刀割花纹，又称“五蝠捧寿拉花”。

◎“赵子玉五蝠捧寿”过笼

两只，为赵子玉所制，纽为高起的圆“寿”字，四周五蝠环绕飞翔，寓意吉祥。

◎“赵子玉鹦鹉寿桃拉花”过笼

成对，为赵子玉所制，寿桃作纽，两侧各有展翅鹦鹉，又称“鹦鹉寿桃”。立墙有刀割花纹，又称“鹦鹉寿桃拉花”。

◎“粉彩蝴蝶梅瓷”过笼

此过笼为二号，满身都是粉彩，绘花草、蝴蝶，春色秀丽，制于清中期。

◎“二龙戏珠”过笼

此过笼为一号，黄泥，包浆厚。盖上纽为云朵，盖上有两条龙在戏珠，所以叫“二龙戏珠”，也叫“云龙”。盖背面有手印，相当古老熟旧。

◎“蜂猴挂印”过笼

此过笼为一号，黄泥。盖上纽为双枣花，盖上有蜜蜂，有一只猴子在松树上挂一个印，所以叫“蜂猴挂印”，盖背面有手指印，立墙外有卷书“秋月扬辉桂一枝”。此过笼相当老旧，为手工制造，相当稀少。

◎“日月马”过笼

此过笼为一号，黄泥。纽为一个“月”字，盖上有一匹马在奔跑，相当漂亮，古老熟旧。

◎“万礼张五蝠捧寿”过笼

轮廓柔和，在盖背面印指纹，纽为高起的寿桃，四周五只蝙蝠围绕。

◎“鸳鸯戏莲”过笼

二号，盖上纽为鸳鸯头，盖上荷叶莲藕，所以叫“鸳鸯戏莲”。

◎“荷花莲藕”过笼

黄泥，盖上纽为荷花骨朵，盖上有荷叶和莲藕。

◎“荷花莲藕鱼”过笼

此过笼为灰白泥，极细，盖上纽为一只大小金鱼，盖上有荷叶和莲藕。

◎“黄泥松庭月”过笼

黄泥，纽上为一“月”字，盖上有松树和亭子，俗称“松庭月”。

以下六盒过笼包含万礼张、赵子玉及“巴狗窑”“蛤蟆窑”“樱桃窑”等各式图案老过笼。

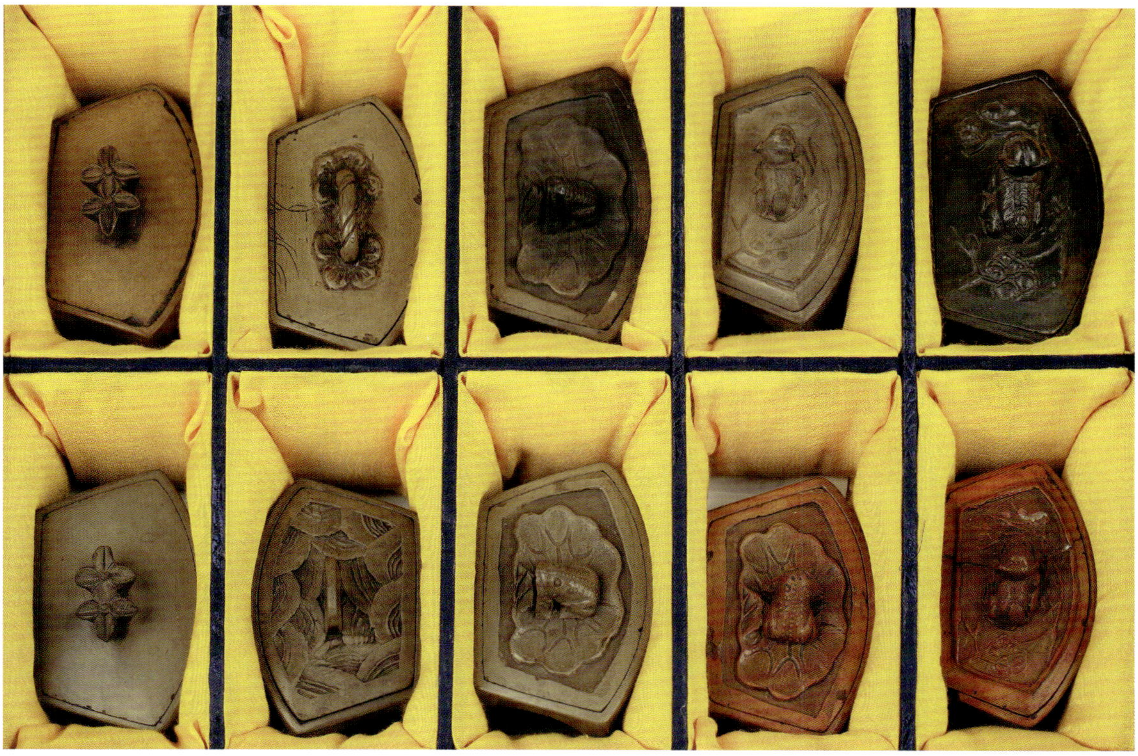

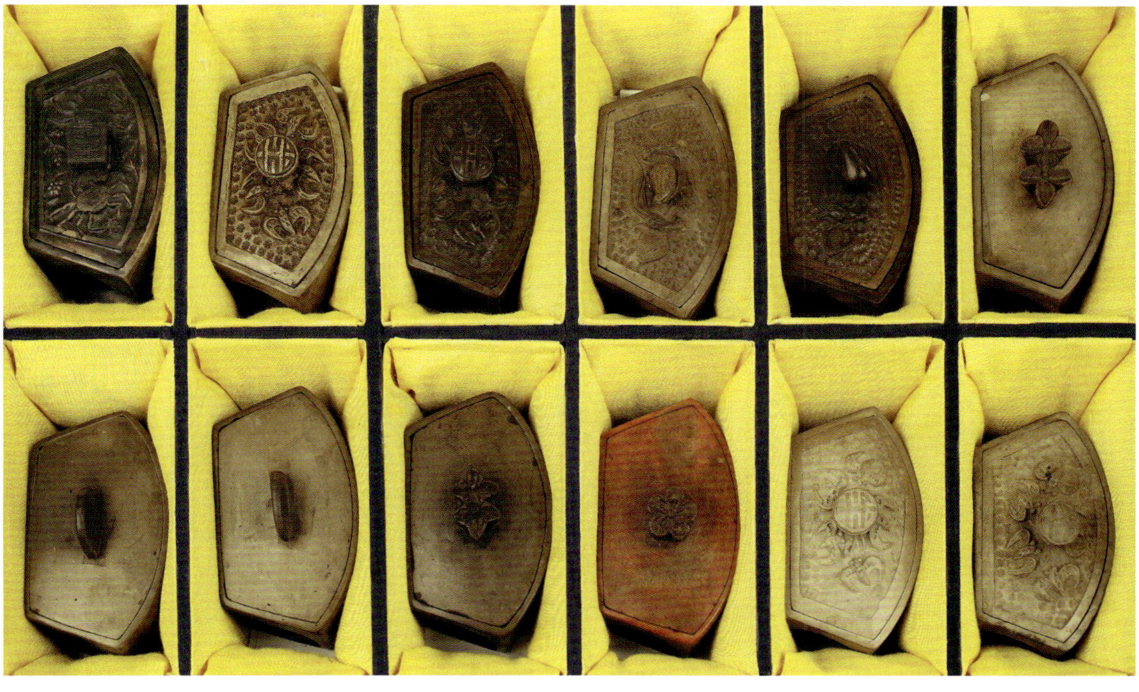

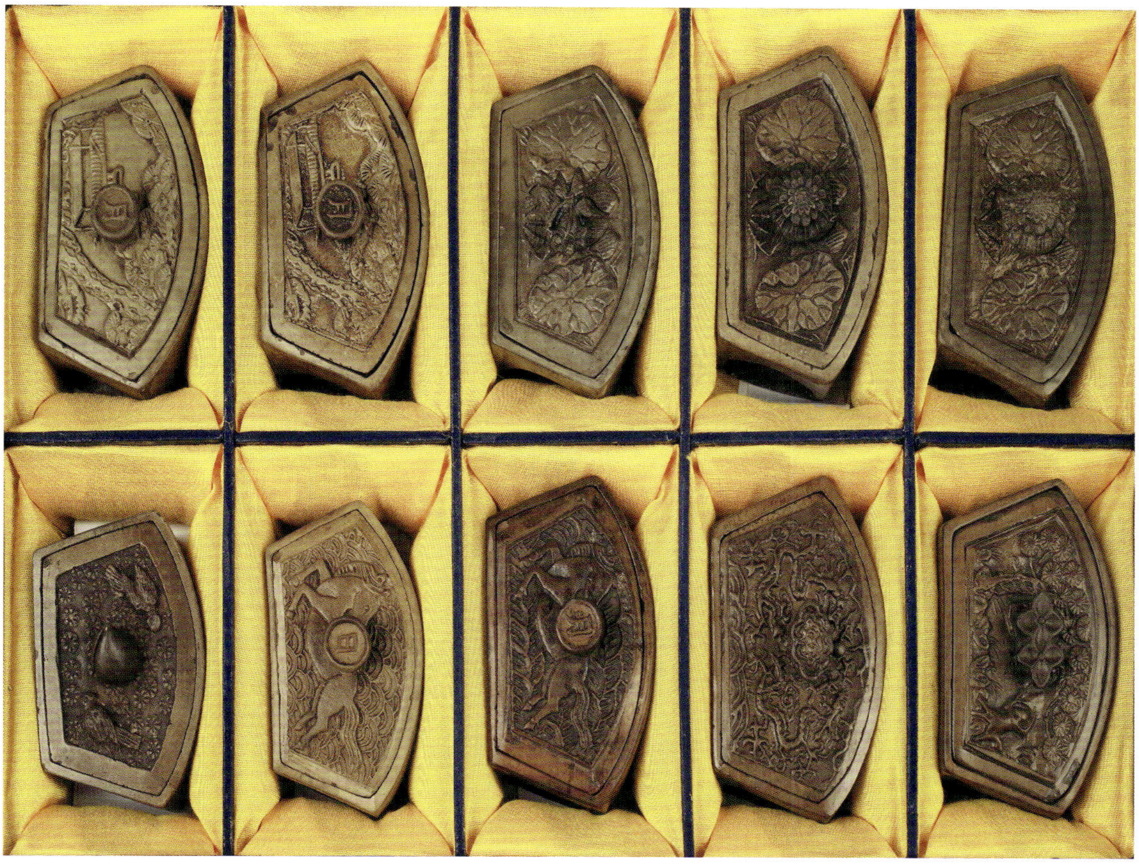

水　　槽

◎“红蜘蛛蓝爪子”水槽

一对，橘瓣形，外绘青花二龙戏珠，两道釉，釉上彩和釉下彩。此对水槽原属玩虫名家鸡鸭孙，后经名家苏洪礼、冯学第等人收藏，最后我以高价购得。出自明末清初，为水槽中的极品。老一辈玩家一致认为仅此一对，后发现几对皆为仿品。

◎“六蟹”水槽

一对，橘瓣形，青花，里外共绘六只螃蟹，迎面有“道光壬寅含芳园制”款。画工极好，螃蟹、水草活灵活现，生意盎然，青花色泽相当漂亮，道光本年烧制。

◎“八怪鱼”水槽

一对，橘瓣形，底绘一条颇似桂鱼的大头怪鱼，故称“八怪鱼”。清花烧制，色泽亮丽，老辈玩家认为烧制年代比“六蟹”还要早，在清早期。

◎“古月轩制”水槽

一对，橘瓣形，里画干枝梅。古月轩是康乾时期官窑。

◎“暗叶螃蟹”水槽

成对，器成树叶形，器底绘一肥硕螃蟹，外围花卉。画工细腻，青花色泽晶莹，系从四羽毛厂厂长冯学第处高价购得。

◎“暗叶凤凰牡丹鱼”水槽

成对，树叶形，器底各绘一红鱼，侧绘一对凤凰、一朵牡丹，画工精细，烧制讲究。

◎“暗叶蜘蛛”水槽

一对，暗叶形状，底画一红蜘蛛，外围二龙戏珠，当年从河西张玉山处高价购得。

◎“橘瓣蜘蛛”水槽

成对，橘瓣形，底绘一红蜘蛛，外围画二龙戏珠，画工相当精细。

◎“橘瓣红鱼”水槽

一对，中画一红鱼，外围画二凤凰和两朵牡丹。

◎“扇子面蜘蛛”水槽

形如扇面，中一红蜘蛛，外围二龙戏珠。

◎“橘子瓣单蟹”水槽

橘瓣形，青花，中画一螃蟹夹芦苇叶，俗谓“二甲传芦”，外围花卉。

◎“圆八怪鱼”水槽

圆形，青花，中画两条怪鱼。

◎“暗叶八怪鱼”水槽

暗叶形状，青花窑变。中绘一条怪鱼，色泽漂亮。老一辈玩家认为此水槽比“六蟹”更昂贵。

◎“橘瓣八怪鱼”水槽

橘子瓣形状，青花，中间一条尖嘴八怪鱼，外围花卉，下面有三足。此水槽高价购自四羽毛厂厂长冯学第。

◎“橘瓣梅峰”水槽

一对，中有“梅峰”二字，外侧绘二龙戏珠。

◎“橘瓣蝈蝈”水槽

成对，橘瓣形，中画一绿蝈蝈，外围点缀花卉粉彩。

◎“橘瓣寿字”水槽

成对，橘瓣形槽内书一红“寿”字，外围绘三红雁。

◎“蓝鱼宝”水槽

一对，橘瓣形状，内画一青花蓝鱼，外围画青花花卉，底部写一“保”字，故称“蓝鱼宝”。

◎“橘瓣小螃蟹”水槽

一对，三号，橘子瓣形，内画一小螃蟹，外围画水草。

◎“青花螃蟹”水槽

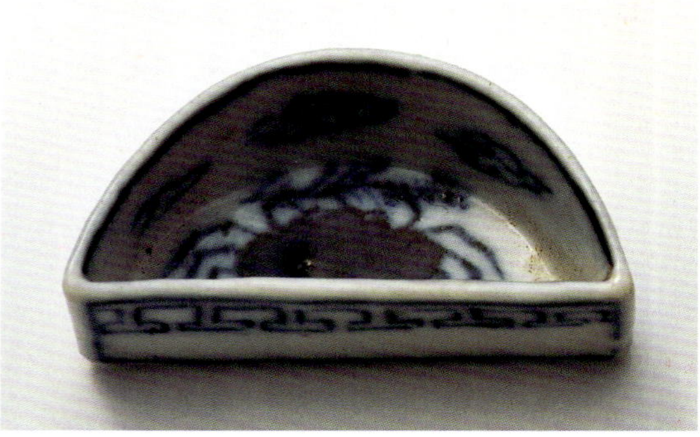

◎“多子多福”水槽

◎“虾米”水槽

一对，橘子瓣形状，粉彩，内画一虾米水草，外画三红鱼炎草。

◎“扇面怡情”水槽

一只，扇形槽，内外均绘朱色勾莲花卉，制作于嘉道年间。王世襄先生著作《蟋蟀谱集成》中有此水槽，且被王老认为是他书中最好的一只水槽。

◎“橘瓣兰草”水槽

一只，橘瓣形，内画兰草怒放，外围画青花花卉，是真正“青花加紫”，画工非常细腻。

◎“绿草红鱼”水槽

三只，橘子瓣形状，内画水草红鱼，外围画花卉。

老瓷斗缸

老　称

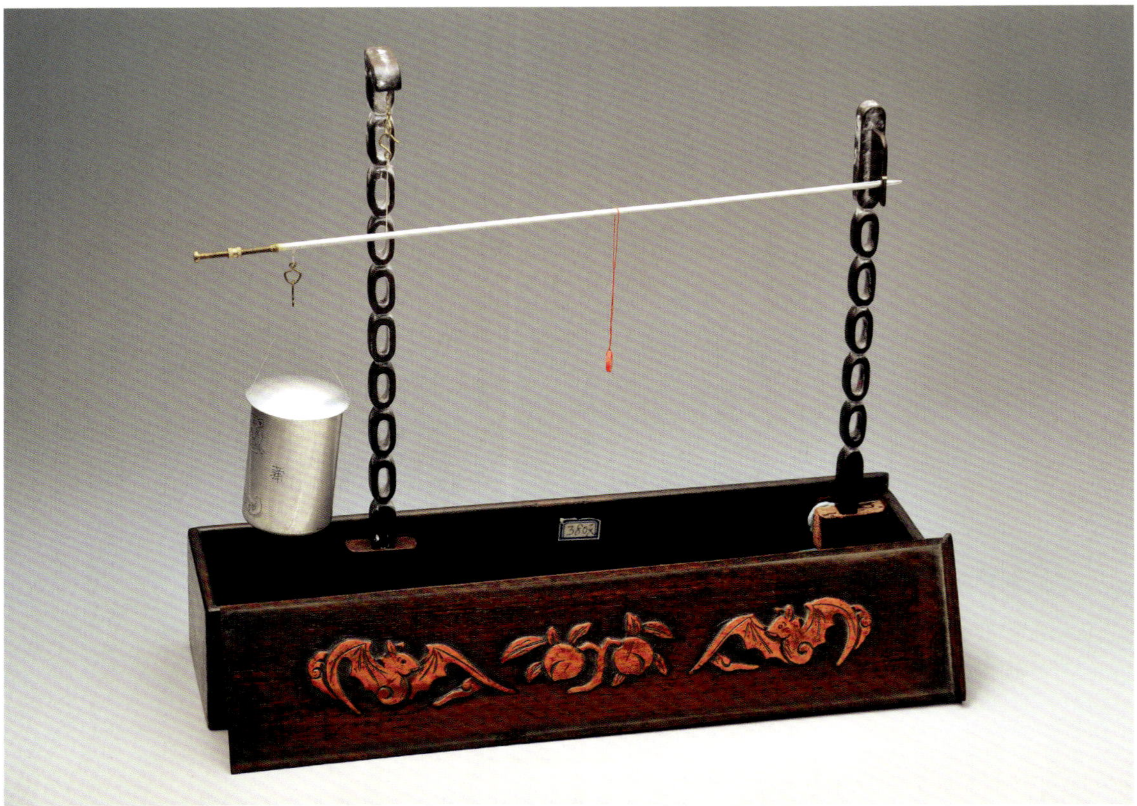

签子筒

后　　记

以上所展示虫具均为本人个人所藏，三十多年的收藏之路很是艰辛。以往，最多我曾收藏过 500 余只虫具，其间也送给朋友不少，在本书中我只展示了其中最具代表性的一部分。

我收藏虫具的初心源于儿时的养蟋蟀情结。记得自己孩童时代，每到季节，便与小伙伴们一起去捉蟋蟀，其乐无穷。听老人们讲，天津娃娃哪有不玩蟋蟀的？那时我用罐头瓶、茶缸子养蟋蟀，喂之以瓜子仁、棒子粒。后来，蟋蟀越养越专业，便产生了收藏虫具的兴趣。玩蟋蟀的老人们讲，一看一个人的家伙板儿（老虫具），便知这个人玩蟋蟀的水平。还有一些老人们开过这样的玩笑：你要是恨谁，就教谁的儿子玩蟋蟀，这就是季节性的白粉啊！当年我不以为然，现在我已五十有五，回头一看，还真应了老人们的话。多年来，哪怕我身体状况不佳，也从未停止过这一点爱好。玩蟋蟀魅力无限，其中所蕴含的文化更是博大精深，是很大的学问，可能一辈子都研究不透。

蟋蟀罐展厅

小时候，我和老先生们一起玩蟋蟀，那些老先生要是还健在，恐怕已有 100 多岁了。父母对此很是反对，问我为什么要和比他们都大一辈的人一起玩。其实，正是和这些老先生一起玩蟋蟀的经历，才让我不论是虫具知识还是蟋蟀知识，都受益无穷。

过去，玩蟋蟀有名的天津老人们，一辈子能有一两只名盆便会闻名遐迩，是一件很值得骄傲的事情。其中一位老先生，拥有一只蛤蟆窑过笼，大伙都排队去看。还有，过去老前辈们斗蟋蟀，一看到配罐（装蟋蟀所用），便知是谁的蟋蟀，可想而知，家伙板儿代表着玩家的身份。有的人甚至说过这样的话：我死之后，要把我的蟋蟀罐和我一起埋进棺材。可见他们对于自己收藏的蟋蟀罐的喜爱之深与蟋蟀罐的魅力之大。

1949 年前后，天津涌现出一大批蟋蟀玩家，其中大部分人也是蟋蟀罐收藏的大家。南开区（也称老西头）：张洪林（拔辣子，该绰号来自一段有趣的小故事，张洪林也号称八爷，爱虫如命，每年收虫季节都会去山东宁阳，每天步行几十里去各村或市场收蟋蟀。有那么一年他在山东宁阳收虫，某日天蒙蒙亮，张八爷步行于田间，忽然听到远处有一蟋蟀叫得响亮，好不一般。八爷闻声急速来到一片辣子地，他断定就是这块地里的一只蟋蟀叫，顿时激动不已，又不辞辛苦大卖力气，竟把地里一片辣子全拔了，满头大汗，终于抓到了这只蟋蟀！虽不免赔了农民家拔辣子的损失，依然满脸笑意，兴奋非常，因而在山东得名张拔辣子，传至天津卫。）、兰三爷、徐宝良、訾洪远（做罐子）、郭海洋、郭振林（郭海洋之子）、马佩云、苏洪礼、郭景生（罐子郭）、袜子杨、马金山（做罐子）、宋国柱、杜旭。河东区：王桐年、刘四爷、王德甫、孙宝荣（小白父亲）、痞子王、柴宗仁、杨德山、吴树奎、张连起、颜学海（大直沽）、吴邦子。和平区：眼镜宋、小张大夫（张德荣）、陈二（老教堂附近住）、杠子张、李六爷、郭炎、何宝光、五斤张［该绰号“五斤张”同样来自一段有趣的小故事。自古以来中秋斗蟋蟀为助兴过节，两人斗蟋蟀时，以月饼一斤为底数单位（向上可加斤数）斗输赢，这种说法后传承延续至现代。20 世纪 70 年代和平区有一爱好斗蟀者，只要他自己认为可斗的蟋蟀（凶头），最多就斗 5 斤（当时 1 斤月饼折合 1 元人民币）也就是 5 元。天长日久，就形成了老张的斗虫风格，渐渐地虫友们都习惯叫他五斤张。］、大崔（崔树君）、孙老六（万德庄）、李金生、小北京（名冯钦，后随年龄增长改叫大北京）、孙建华。河西区：赵子佩、耿大掛子、孙国才、土城左老、郭刘锁、小利锁、刘锁（号称三把锁）、邵大鼻子。20 世纪 70 年代末 80 年代初有：四大斗囊——拔辣子张洪林（南开老西头人）、王桐年（河东区）、刘四（河东区）、王德甫（河东区）；四小名旦——大北京冯钦（和平区）、刘珉（南开区）、杜旭（南开区）、李长发（河东区）。在此，我特别感谢何宝光（已故）、孙建华、苏老师（苏洪礼）、四羽毛厂厂长冯学第、河西郭晓斌以及北京的马树曾、马洪泉，他们在我收藏的道路上给予了很大帮助，也曾四处帮我联系购买藏品。

蟋蟀罐爱好者在弘道堂观赏、研究蟋蟀罐（左起：尹嘉、苏洪礼、马洪泉、谷毅平、郭晓斌、孙建华、葛四爷）

蟋蟀文化，博大精深。现在的斗蟋蟀较古代蟋蟀谱中所写已有很大变化。古以薄净为善斗，今以厚实为耐口。什么叫“底板”，什么叫“老”，什么叫“干”，什么叫“懦”，只可心领，不可言传。蟋蟀的品级也分为五王、八帅、七十二将军，现在的人已经有很多对不上号了。再者，蟋蟀的“选、养、排、斗”每一环节都很重要，每一部分也包含众多知识。过去老人看蟋蟀，讲究“五大一张整皮”，斗线、眉线、耳线等，这些都称为外五形。我又和南方的爱好者一起研究、学习了内五形，什么叫撒气，什么叫漏风，什么叫三角区，什么叫牙形，什么叫牙色，什么叫鼻子，什么叫嘴唇等。

我特别佩服大北京这个人，此君名叫冯钦，乃帝王之后，80 年代就是大私企的大老板，但为人低调，虽已年近八旬，但观其容貌、精力，不亚于 50 多岁的人。选养排斗，无一不精，堪称顶级。当年一个人挑战各个区，使各路英雄纷纷折戟落马。我和他交往多年了，自 90 年代起就一起斗蟋蟀，征战大江南北，战绩辉煌。后来因为我身体状况不佳，不上斗场已有 15 年左右，但也从未中断玩蟋蟀，可见蟋蟀的魅力有多大啊！

回想我二十八九岁时，一次，在二号桥排蟋蟀，那一代的领袖是王文燕（已故），现在健在的话也有 100 多岁了。我在缸边看了 9 对蟋蟀，没斗之时已说出孰胜孰负，无一猜错。王老先生很是惊讶，激动得给我让座，并不断向我竖起大拇指，赞不绝口，称我的水平高。自此，我也和王老先生结下了深厚的情谊，他也曾在我的收藏之路上给过很多帮助。

蟋蟀之道，博大精深。秋天到蟋蟀叫，抓蟋蟀买蟋蟀，养蟋蟀斗蟋蟀，众人皆好。养虫之道，风主精神寒主斗，水主血脉食主肉。斗蟋蟀，扣人心弦，妙趣横生。始于唐前，流行于宋，兴旺于明清，故此斗蟋蟀已有上千年的历史了。蟋蟀分五王、八帅、七十二将军（也叫七十二先锋或七十二地煞）。北宋大书法家黄庭坚总结蟋蟀有五德：“鸣不失时，信也；适敌必斗，勇也；伤重不降，忠也；败则不鸣，知耻也；寒则归宇，识时务也。”蟋蟀本无辜，全在人而非物。南宋皇帝宋理宗、明朝皇帝朱瞻基，南宋晚期贾似道、明朝马士英，两个“蟋蟀皇帝”，两个“蟋蟀权臣”，都是历史上玩物丧志的典型。自古以来玩蟋蟀不仅仅是王孙贵族的专利，更是民间百姓普遍的娱乐，因此蟋蟀文化延续至今，兴旺不衰。但时至今日还会有些人误入歧途，利用蟋蟀狂赌，误解了蟋蟀文化在民间存在的意义。斗蟋蟀确实有魅力，两只斗蟀顽强拼斗，扣人心弦，激励人的斗志。然两方虫主，却应该是友谊第一，取长补短，以虫会友，陶冶情操，弘扬传承中华蟋蟀文化。本人酷爱蟋蟀，几十年来痴迷中华蟋蟀文化，潜心钻研，努力学习各方面的蟋蟀文化知识，包括用心良苦地搜集各个朝代的蟋蟀用具：过笼、水槽、斗蟋蟀用的配罐、养母蟋蟀的专用罐和专为养蟋蟀的大罐等。由于本人水平有限，在整理编写内容上难免粗浅，或不无谬误，诚请广大读者指点、斧正。在此也特别感谢南开大学教授、博士生导师、民俗专家孟昭连老师给予的大量帮助。

谷毅平

2020 年 12 月